booz&co. 博斯中国观察

SURPASS

跨 越

——中国企业下一个十年

谢祖墀◎著

山西人民出版社

图书在版编目（CIP）数据

跨越：中国企业下一个十年 / 谢祖墀著.—太原：山西人民
出版社，2012.5

ISBN 978-7-203-07701-5

Ⅰ.①跨… Ⅱ.①谢… Ⅲ.①企业管理－咨询－中国
Ⅳ.①F279.23

中国版本图书馆 CIP 数据核字（2012）第 066640 号

跨越：中国企业下一个十年

著　　者：	谢祖墀
责任编辑：	冯灵芝
出　版　者：	山西出版传媒集团·山西人民出版社
地　　址：	太原市建设南路 21 号
邮　　编：	030012
发行营销：	0351-4922220　4955996　4956039
	0351-4922127（传真）　4956038（邮购）
E-mail:	sxskcb@163.com　发行部
	sxskcb@126.com　总编室
网　　址：	www.sxskcb.com
经　销　者：	山西出版传媒集团·山西人民出版社
承　印　者：	三河市南阳印刷有限公司
开　　本：	880mm×1230mm　　1/32
印　　张：	8.75
字　　数：	250 千字
版　　次：	2012 年 5 月第 1 版
印　　次：	2012 年 5 月第 1 次印刷
书　　号：	ISBN 978-7-203-07701-5
定　　价：	33.00 元

如有印装质量问题请与本社联系调换

著名企业家推荐语

正如谢博士在书中所说，过去十年中的经验不足以引导未来的十年，那么本书给人最深的启迪就是：跨越首先要跨越自己的经验栅栏。

——海尔集团首席执行官　张瑞敏

跨越，不仅要有突破现有格局的雄心和实力，更需要有突破自我的勇气和睿智。谢博士多年从事经营管理和咨询服务的独到心得以及对中国市场环境变化的深入见解，为谋求突破的企业和企业家们提供了借鉴和启发。

——上海汽车工业（集团）总公司董事长　胡茂元

在世界经济大环境前景不明朗的当下，对于发展中的中国企业来说，如何从战略管理的角度上上一个台阶，成为了它们急需思考的问题。谢博士作为第一批到中国为中国企业"把脉"的国际咨询公司的从业者，本书是他多年从事管理和咨询服务的心得总结，将为中国企业带来一些启发。

——中国中煤能源集团有限公司董事长　吴耀文

本书对中国企业自身及其经营环境透彻且多角度的观察和理解是令人信服的，从中可以清晰地看到中国企业的成长之路，是一本企业改革的教科书。

——宝钢股份有限公司董事长　何文波

谢博士是中国管理咨询业的开拓者之一,其颇具专业水准的管理咨询生涯伴随着中国企业过去二十年的成长和壮大。展望未来十年,中国企业的发展要从市场的自然增长方式转变到以建立内部核心竞争力为主的增长方式,从以资源争夺为主的国内市场竞争转变到对产品、服务和品牌的国际市场竞争,面临极大的挑战。只有进行脱胎换骨的变革,才能造就一批世界级的中国企业。在此过程中,我们希望在管理咨询公司的支持下去完成这一伟大的艰苦爬坡。

——中国国际航空股份有限公司党委书记　樊　澄

谢祖墀博士在大中华地区管理咨询领域享有盛誉。他的新作《跨越:中国企业下一个十年》从管理咨询的专业角度,通过丰富独到的企业案例分析,对中国企业在今后的可持续发展有很大帮助,也对致力于在中国扎根发展的跨国公司制定和实施中国战略颇有借鉴意义。中国战略其实就是以中国为核心的"全球战略"。

——联邦快递中国区总裁　陈嘉良

中国企业在中国经济转型时应如何面对机遇与挑战,应如何建立全球视野?谢祖墀博士根据他多年对中国经济的深入研究及为众多企业所提供咨询,给中国企业转型开出多剂良方。谢博士把中国经济的诸多结构性变化及大趋势以其敏锐微观视角生动呈现在关注中国的读者面前。

——经济学人集团中国首席代表、
经济学人信息部中国区主管　许思涛

前　言

管理咨询是专业　而不是生意

随着中国经济体系的发展，各项专业服务日益兴起，除了医疗、法律咨询、会计这样传统的专业服务之外，管理咨询、投资银行、税务咨询、市场研究等行业都如雨后春笋般发展起来。在中国，这些专业的领域对很多圈外的人来说比较陌生，因此在大环境好的时候，良莠不齐的公司都有发展。我长期身处管理咨询行业，看得很清楚的是，管理咨询公司的服务水准参差不齐，甚至是天差地别。

管理咨询的特定属性决定了这是一个专业（profession），而不是生意（business）。博斯公司的创始人爱德文·博斯（Edwin Booz）自1914年创立公司直至1951年去世，都一直将高标准的人格要求和专业素养作为自己事业的座右铭，而这种言传身教的价值观在早期的博斯公司被称为博斯主义（Boozisms），成为博斯文化的基础。广受尊敬的麦肯锡前合伙人马文·鲍尔（Marvin Bower）在20世纪中期则将管理咨询的专业属性做了更具体的诠释，并在他领导公司的时间里极力地加以宣扬和维护：管理咨询顾问应该始终把客户利益置于首位，时时遵循职业准则，勇于以客观独立的态度对客户讲真话。同时每一个项目都必须达到最高质量，臻于至善，对客户的承诺应该百分之百地予以兑现。这些都成为了现代管理咨询的基本思想。

管理咨询从业者与客户之间的关系很大程度上有赖于一种信任。职业道德、专业水准和中立地位就是客户信任的三大支柱，这三大支柱的融合就塑造了一种管理咨询属性决定的专业精神。

首先，给客户带来价值是咨询公司获得长远发展的立足之本。优秀的咨询公司一定是将客户的利益放在首位的。

在一个具体的项目上，对客户而言，他们希望从咨询顾问那里获得的是客观、中立的判断和建议。如果咨询顾问总是千方百计地靠项目多赚钱，那么就可能会向客户夸大其所面临的危机，误导客户将资源投入到不那么必要的领域，并在项目过程中层层设障只为赚取更多的利润。这些都会有损客户对咨询公司的信任。如果哪个管理咨询公司太注重自身的快速扩张和获利能力，那么它很可能会以失去客户信任为代价。

其次，在管理咨询领域里，"精益求精"的专业精神至关重要。管理咨询提供的建议事关客户发展的重大问题，容不得半点马虎，而且身处管理知识最前沿的顾问们随时面对的都是新的、最棘手的问题，他们需要不断地学习和开动脑筋以寻求新的出路。

管理咨询顾问并不提供药到病除的万灵药，管理咨询靠的是比企业管理层在某个领域里更专业的工作方法和更集中精力的工作。咨询服务的成果往往是软性的，很难直接量化，并且带来的影响是在未来才实现的。究竟能把工作做到多好，除了顾问的职业素养之外，很大程度取决于咨询顾问的专业精神和尽职的程度。

如果说客户价值优先和敬业是顾问从主观上做好工作的因素，那么保持立场的中立则是顾问见解有效在客观上的保证。唯有这样，才能避免将顾问混同于公司的经理而失去旁观者清的立足点，并能够纠正客户有偏差的观念和理解。

管理咨询时时面临的都是最棘手的问题和困难，要在不同的时代里、让不同环境下成长起来的咨询顾问保持最高的专业水准是非常不容易的，而要成功做到这一点，靠的就是一种专业精神。管理咨询行业合伙人的一个重要使命就是将一套价值观灌输给自己的员工，让这种专业意识扎根于每个员工的思想中。

自　序

　　我回国从事管理咨询工作已有近 20 个年头。这波澜壮阔的
20 年始于邓小平先生的"1992 年南方讲话",其间发生了中国加
入世贸组织、GDP 总量超过日本跃居世界第二位等大事。在过去
的 20 年里,中国经济所走过的路是相当独特的。作为中国内地
管理咨询行业的开拓者,同时也是中国市场经济的学生,我有幸
于"风暴眼"中亲历了内地经济的腾飞。

　　伴随着中国经济的迅猛发展,管理咨询服务业也方兴未艾。
20 世纪 90 年代初,中国大陆几乎没有人知道管理咨询是做什么
的。我碰到的很多中国企业家把管理咨询公司当成"点子顾问",
对于企业的战略、能力、价值观这些核心问题漠不关心,直接讨
要即刻生财的法门。十多年后的今天,情况已经好转,但企业家
的短视行为仍相当普遍。在过去的 20 年里,我掌管大中华业务,
不断向我的客户和同事们反复灌输这种理念:管理咨询是一门专
业(profession),而不是生意(business)。事实上,有着百年历
史的管理咨询,是"授人以渔"的专业领域,是商业世界的"勘

探术"而不是"点金术"。

在蜿蜒崎岖的丝绸之路上，也许最快的生财之道是拿着武器打劫商旅，但是长远来看，唯有那些目光远大、真正坚持走完全程的勇士们才能享受到丰厚的回报。管理咨询就是告诉这些商业世界的勇士们，哪里该缓、哪里该急；哪里有绿洲、哪里是沙漠，哪些美丽愿景只是海市蜃楼，从而帮助他们走完这条曲折的丝绸之路。对于管理咨询从业者来说，保持我们的专业性有赖于与客户之间建立一种信任。这种信任建立在职业道德、专业水准和中立地位这三大支柱之上。称职的咨询顾问必须将客户利益置于首位。

我从回国致力于管理咨询行业在中国的建立和发展，迄今已经服务了几百家国内企业、国际企业在华公司与不同的公共机构。其间，我目睹了许多中国企业从无到有，从小到大，从本土、区域化到国际化，也见证了许多中国企业从"明星"变为"流星"，从成功到迅速衰亡，所谓"其兴也悖焉，其亡也忽焉"。伴随着本土企业的蓬勃兴起，许多国际企业也先后来到中国，"厉兵秣马，逐鹿中原"，其中一部分很好地把其国际竞争力转化为本土竞争力，持续发展且在中国处于市场领先地位，另外一些国际企业则遭遇"水土不服"，在本土企业的挑战和政策的夹缝中艰难残喘，有的甚至不得不退出中国市场。市场经济的大浪淘沙在这20年的经济进程中展现无疑。

过去的20年是中国企业发展的"黄金时代"：经济改革的深化、政府管制的放宽、剩余劳动力的不断释放和全球融合进程的加剧，让中国的企业一直处于一种我称之为"水涨船高"的状态：一个人口庞大的市场高速成长，每天都有新的需求出现，这为每一个企业提供了梦寐以求的市场机会。身处于这样一个市场，有时候对于企业来说发展是件相对容易的事情。而广袤无垠的国土上千差万别的经济发展状态和宽严不同的行业准入限制同时又使得中国很多企业，特别是一些国有大型企业长期享受保护政策。它们在资产负债表上规模巨大，在工资单上员工众多，在招股说明书上资源丰富，但是这些"温室中的霸王花"却未必具备出色的企业内在能力。"水"总有不涨的一天，"船"也不可能总在波澜不兴的内湖里航行。度过了中国市场经济的洪荒时代，在准入管制不断放松、全球化影响牵一发而动全身、中国的人口红利基本释放完毕的今天，无论国有企业、民营企业，还是三资企业，其面对的都是异常激烈而复杂的市场竞争，以及既要符合国际化趋势又要适应本土特点的市场需求。唯有加强企业内部能力建设、练好内功，不断增强企业的竞争优势，才能于瞬息万变的市场之中争取持续的发展。博斯公司近年提倡的"能力驱动战略"（Capabilities – Driven Strategy）是值得中国企业参考的战略理论。

中国已经成为了世界经济舞台上最重要角色之一。纵然在中国还没有出现足够多的世界级企业和品牌，但我相信，假以时日，中国如此众多的有潜质的企业终将把自己打造成国际化品牌。中国的私人企业还都比较年轻，几乎都成立于改革开放以降，现在就拿年轻的中国企业去和经营了几十年甚至上百年的西方企业比较有些为时尚早。当下，很多国际企业都已经告别了只把中国当做廉价工厂和采购基地的全球分工阶段（world's division of labor），把研发和增值服务也搬到了中国来做价值链转移（value chain migration）。有着这世界第一大市场的培育，中国企业必将走上一条"中国制造—中国管理—中国创新"之路。其中的佼佼者更是要走上全球化企业之路。在强化硬实力的同时发展软实力，成为全球行业的领导者，这是中国企业肩负的责任，同样也是我们管理咨询顾问肩上的责任。

管理咨询工作需要接触到大量的信息，也要求我们对信息做出专业的甄别、处理，并准确、有效地传递给客户。我觉得将相关信息归纳整理好，按照客户关心的课题写成文章，是与客户和企业家群体沟通交流的有效方式。这本书收集的就是我在过去几年发表过的部分文章，其内容主要围绕着中国市场环境的演进、政府法规和市场竞争态势的变化和这一系列改变所带来的对企业的新的诉求以及企业家们所需要注意的要点。本书的大部分文章用中文写作，小部分文章原文是我用英文写作而后翻译成中文。翻译的文章终究"拗口"一些，希望不会影响到我观点的表述，还请读者给予宽容。

谢祖墀

2012 年元月

目 录
CONTENTS

第七章　企业反思

第一章
市场的机遇

中国汽车为什么难出国

2009 年上半年，中国汽车销量达到 610 万辆，超过了美国的 480 万辆。但在 2009 年的第一个季度，中国出口的汽车仅为 6.1 万辆，较上一年同时期下降了 62%。

很多人认为，这和全球对汽车需求的全面下跌有关，但笔者认为原因不单单如此。我们需要提出一个疑问：为什么中国尚未成为汽车主要出口国？

中国汽车业面临不少结构性问题，尤其是汽车制造商高度分散，有超过 150 家注册汽车制造商。这种高度分散的现状，对资本投资产生了很多不利影响，尤其是这种分散给集中资源发展诸如安全和省油等核心技术造成了非常大的困难。

对于汽车制造厂商们来说，这是中国汽车制造过程中尤其薄弱的环节，它们现在主要依靠国外合作伙伴来主导关键部件的技术发展。中国公司在汽车装配和供应链开发上学习的速度很快，但在汽车研发和合成工艺上依旧显得经验不足。

中国消费者是理性而务实的，他们当然知道这些，这也是 2008 年国外汽车品牌在中国市场的份额达到 66% 的主要原因。也正因此，在进入世界市场之前，中国的汽车贴牌生产商们必须首先在中国消费者的心目中建立起"中国制造"汽车的理念。

中国正在试图缩短进入全球市场的时间。日本和韩国的公司之前大多已经在那道门槛前徘徊了 10 ~ 15 年。

丰田汽车公司成立于 1937 年，直到 1956 年才开始向美国出口汽车。因为石油禁运的关系，在 1973 年之前，丰田在美国的销售情况都不乐观。丰田汽车花了 36 年才慢慢在美国站稳脚跟，在 2008 年，丰田超过通用汽车成为最大的汽车制造商。韩国现代汽车公司成立于 1946 年，从 1986 年始，它就开始向美国出口汽车，并稳稳地站住了脚跟。

日本制造的汽车之所以能够在美国市场上获得成功，得益于 20 世纪 70 年代发生的第一次石油危机。战后美国对汽车的依赖，面临了石油供应短缺的现实。美国人开始转而寻求小型、能源节约型的交通工具。在那几十年里，丰田开始在美国市场上获得认可。突然之间，日本制造寻找到了一种相对独特的销售主张：这是一个小型的、能源节约型汽车的时代。

有趣的是，当丰田和现代的发展正蒸蒸日上时，它们本身并不认为自己汽车的质量很好。丰田和现代的销售主张是：小型的、能源节约型的汽车。随着时间的推移，它们才将自己的销售主张转化为了高质量的小型汽车。韩国品牌进入美国汽车市场要更晚一些。当现代、大宇和一些其他韩国品牌初次进入美国时，它们走的也是日本的老路，将价格低廉的交通运输工具作为自己的销售主张。

对全球市场充满憧憬的中国公司，如果能够学习那些成功推行全球化公司的经验，那么，它们往后的表现会更好。在接受一种新事物的过程中，历史总是不断重复。

新产品最初只能吸引那些入门级买家，从这种交易中来寻求自身价值的实现，并以此为基础渐渐发展起来。在进入一个新市场时，通常的价值主张就是便宜，随着时间的推移，当消费者接受了这个品牌时，这个品牌的价值主张才会进一步发展。

我们也应该意识到，世界已今非昔比，这也使中国品牌拓展国际业务变得愈发举步维艰：现在的汽车竞争更为激烈；对中国产品质量的负面报道则加剧了消费者的戒心；经济危机还挑动了贸易保护论者的情感。

有一种切实可行的方法，可以让中国汽车制造能够更快地成长：全球汽车业的历史性结构调整正在进行，这将导致对汽车制造厂商资产的重新分配或清算。现在，购买那些已经建立起经销网络、产品平台和相关零部件技术的公司和品牌，只需要花当初创建这些资产所需投资的一小部分就可以大大缩短全球化的时间。

（本文写于 2009 年 12 月）

中国汽车企业面临的机遇和挑战

在过去的十余年间，中国的汽车市场经历了举世瞩目的高速发展，汽车产业取得了长足进步。2009 年，中国的汽车市场在全球金融危机的阴影下逆势强劲增长，产销量突破 1300 万辆，一举超过美国成为全球第一大汽车市场。

中国市场的巨大规模和快速增长，为本地的汽车制造厂商带来了绝好的发展机遇。经过近十年的努力，中国本土汽车制造厂商在中国占据了 30% 左右的市场份额，2009 年本土汽车企业的销量增长超过 60%（见图表 1）。目前，主要汽车企业积极采取行动，捕捉不同地区、不同层次消费者的新的需求，充分利用政府提供的优惠政策促进销售，抢占国内的市场份额。

然而，在发展过程中，中国汽车制造厂商也会面临严峻的挑战。一方面国际汽车制造厂商的品牌和产品目前仍处于垄断地位，同时国外汽车厂商纷纷加大了对中国市场的重视和投资，不断推出新产品，市场竞争日益激烈。另一方面国内汽车厂商目前所采取的发展战略往往缺乏可持续性，例如集中在低层级城市发展，因为它们的产品更符合当地消费者的要求；主要提供配置小型发动机的小型车，因为这些车型能够享受政府的税收补贴等。

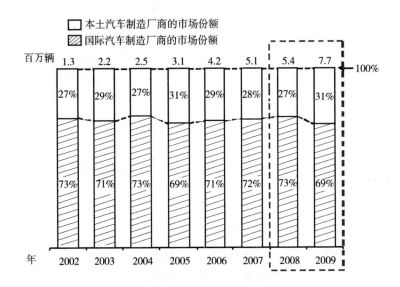

信息来源：中国汽车协会；博斯公司分析

图表 1　中国市场上本土汽车制造厂商和国际汽车

制造厂商的市场份额（2002~2009 年）

通过对全球领军汽车企业的研究，我们发现它们都或多或少具备以下七个方面的成功因素：

1. 技术开发和积累；

2. 准确切入市场/成功车型打造；

3. 关注质量；

4. 严格控制成本；

5. 建立成熟零部件体系；

6. 品牌战略；

7. 拓展国际市场。

国内汽车企业和全球领军汽车企业相比，在诸多环节还存在着相当大的差距，特别是在技术开发和积累方面。一些领先的本土汽车制造厂商已经认识到核心技术对于企业长期发展的战略意义，已经通过各种方式建立起自主核心技术。然而，大多数本土汽车制造厂商仍然在努力搞清如何在初始阶段构建核心技术，然后扩大业务并迅速成长。经过研究我们认为，现阶段中国本土汽车制造厂商在技术发展方面存在四大挑战，见图表2。

图表2　中国本土汽车制造厂商在技术发展方面的主要挑战

（本文写于 2010 年 2 月）

限购令下的中国汽车产业发展思考

中国的城市扩张发展速度很快。整个城市化没有一个渐进的过程，导致了人口从农村向城市的流动呈现出的是一种突然爆发的局面。城市最初的规划很难预见到这样的情况，因此，如今与交通相关的方方面面都显得捉襟见肘。而城市的扩张模式也像在摊一张巨形的饼，一圈一圈地不断扩开，这样的扩张模式非常容易造成城市交通的拥堵。特别是像北京这种人口超过千万的特大型城市，交通上面临的压力是十分巨大的。为了解决令所有人都头痛的交通拥堵问题，2010年底，北京实行了摇号抽取车牌的汽车限购政策。愿望总是美好的，可是现实往往会破坏这份美好：一纸限购令不仅扰乱了消费者的心，也给汽车制造厂商带来了或多或少的冲击。

在中国的大城市里，拥堵是普遍现象。尽管中国现在的人均汽车拥有量只有美国和日本的1/5，但是在大中型城市中，人均汽车拥有量已经达到了美日的1/2。如此之高的人均汽车拥有量再乘以城市惊人的人口数，城市交通所面临的压力可想而知。因此，北京继"限行"之后，"限购"政策的出台也就显得顺理成章了。

北京车市限购令或许仅仅只是个开始，大城市拥堵的现状很可能迫使其他城市逐渐实行类似的"限行"、"限购"措施。广州虽然仅在亚运会及亚残运会期间实行了单双号限行，但是限行解禁后出现的"报复性反弹"现象对比限行期间的车行畅通状态，限行应该只是早晚或者方式问题。而距广州不远的深圳的机动车密度更达到了 321 辆/平方公里，已经成为全国机动车密度最高的城市。2011 年初，深圳市人大常委会审议了《深圳经济特区道路交通安全管理条例》草案修改稿，拟定了交通拥堵应急处置预案。交管部门可以根据路况，采取机动车限购或者高峰时段区域限行。虽然在每个城市的机动车限行政策出台之初，甚至还未正式出台时往往就会引起社会的广泛争议，但是在目前治堵乏术的情况下，限行仍是缓解城市交通压力的有力措施。限行不仅仅局限于车牌单双号的限行，鉴于中国 113 个重点城市中，有 1/3 以上空气质量达不到国家二级标准，机动车排放的尾气成为部分大中城市大气污染的主要来源。目前，北京、上海、南京、广州、杭州、武汉、成都等十几个城市都已经实施了"绿标准入"① 制度，西安、郑州、乌鲁木齐等各大中心城市也正在逐步推进环保限行工作。

　　虽然北京的限购政策暂时还没有像限行一样被很多城市效仿，但是贵阳已经出人意料地成为第一个追随者。2011 年 7 月 11 日，贵阳市政府发布《贵阳市小客车号牌管理暂行规定》，从 7

---

　　① 实施"绿标准入"的城市对不同的车辆采取不同的限行措施，无标车和黄标车进入这些城市将会受到限制。环保分类标志根据机动车的车型来划分，取决于车辆尾气排放控制水平。黄色环保标志将发放给使用年限较长或损坏较严重或车型较老，排放尾气较多的机动车（简称黄标车）。而绿色环保标志还要细分为多类，按照使用年限的长短和车型的新旧来划分，可分为国Ⅰ、国Ⅱ、国Ⅲ、国Ⅳ等类型。

月 12 日起，采用摇号方式分配车牌。限行、限购自然不是解决交通拥堵的根本办法，但是却是立时有效的，所以被交通拥堵折磨的那些大中城市，也许终有一天，会不得不进行限行、限购的尝试。

即使受到全球金融危机的影响，2009 年中国汽车业仍然保持了 13%～15% 的年均增速。但是，2011 年以来，国内汽车市场产销量同比和环比指标双双数月下滑，前 5 个月汽车产销累计实现 777.97 万辆和 791.62 万辆，同比微增 3.19% 和 4.06%。照这样的趋势发展下去，2011 年汽车行业将很难实现增长率保有 10% 的目标。汽车市场的增速快速下降，最直接的影响就是造成经济上的损失。只要车轮子转起来，各种消费都会随之产生。车子一动，消费的广度、深度也随之增加。限购令出台了，车市便冷下来了，受牵连的产业之多，很难详列。在这样的压力下，国家可能会再度干预汽车市场，比如建议取消限购等。限购政策可以取消，但是交通拥堵问题却仍然会像一块骨头，梗在所有人的喉头。限购还是不限购，已经成为老百姓和决策者共同纠结的一个问题。

当然，造成车市低迷的因素还有很多，在经历两年成交量超高速增长后，涨幅减低也属正常现象。此外，汽车购置税减免、"汽车下乡"、汽车以旧换新等鼓励汽车消费优惠政策的相继取消，也导致正面激励机制退出，负面效应自然显现出来。今后的中国汽车产业，将会从快速增长进入到平缓增长的时期。再过数年，将进入一个增长停滞并且销量波动的时期。

这也意味着，中国汽车产业的结构性变革时期将要来临。

在汽车产业结构性变革到来的时候，汽车生产企业的数量往往会慢慢减少。在上世纪 20 年代至 40 年代的 20 年里，西欧汽车生产厂家的数量减少了 80%，北美的减少了 50%，这是这些市场在高速增长后，进入平缓增长过程中不可避免的结果。中国的汽车生产厂家的数量现在已经开始减少，但减少的速度会有多快，还要看市场自身机制的作用以及各级行政力量干预的结果。针对当前国内汽车市场的现状，国务院再次明确汽车产业要以此为契机实现质变。然而，政策终究取代不了市场机制，行政性的强制兼并重组，只会令本该在市场机制下消解的不健康资源向大企业集团"带病"转移，这会给承担兼并重组重任的大企业集团带来隐性风险。所以，虽然国内汽车产业在部分领域确实存在"散乱差"的局面，但整合并不宜盲目快速推进。整个过程可能会比欧美所需的时间更长，但趋势已经不可避免。

限购令的出台，对中国自主品牌汽车生产企业的冲击是最大的，其面临的压力远大于合资品牌。例如北京限行，受冲击最大的就是 A00[①] 以及 A0[②] 级入门级的轿车，而这正是中国汽车自主品牌占优势的细分市场。自主品牌汽车生产企业数量众多，市场下滑压力巨大，在未来的竞争中，面临的挑战也是最大的。这中间，真正拥有研发、管理、成本控制和快速反应能力的企业才具有核心竞争力，才最有可能在兼并重组中占据优势。未来自主品牌的战略联盟或者主动的整合行为也将发生，并同样面临严峻的挑战。为了避免处于劣势，一些自主品牌企业将会主动和大集团建立战略联盟或者主动参与整合，以使得自身利益最大化。汽车

---

① 轴距在 2 米至 2.2 米之间，发动机排量一般小于或等于 1 升。
② 轴距在 2.3 米至 2.45 米之间，发动机排量为 1 升至 1.6 升。

归根结底是一种商品，因此最重要的就是要符合行业发展的规律、符合市场规律，而具有良好品质的商品才能被市场接受、被消费者认可。中国汽车要想在世界汽车工业领域占有重要地位，还必须要积极融入国际环境中去，遵循国际规则。面对世界经济全球化和国内市场国际化的浪潮，中国的汽车生产企业只有认识到现实的挑战，不断在挑战中提高自己的竞争力，才有可能在世界市场上占有一席之地，担当起国家支柱产业的重任。

而强势的合资汽车企业，将会在加剧的市场竞争中获得更多的竞争优势。从轿车销量看，国内合资公司的产品超过了七成。从产品品种来看，内资企业和自主品牌多数集中在中低档领域，而合资企业则在中高端领域占有非常明显的优势。像上海通用、东风日产等合资企业，在中国扎根较深，拥有良好的基础和发展势头，很可能会在未来汽车市场发生结构性变化时扮演重要角色，成为并购整合的主力军。它们参与并购整合的目的，或者是为了快速而廉价地扩大产能的需求，也可能是为了进入新的产品市场（比如商用车市场领域等）而做出的准备。这些合资企业的实力相对于中国大型的汽车集团，其并购能力、整合能力、管理输出能力更强，成功的可能性也会非常大。

不仅仅是整车生产产业，中国的汽车零部件产业也将在未来的结构性变革中遭受优胜劣汰。目前中国的汽车零部件生产企业数量众多，但大多规模较小，缺乏创新能力，开发手段较落后，整体水平较差。在高新技术零部件方面，对于跨国公司的依赖程度也还是很高，难以实现同步开发和发展。而且又由于原材料涨价、物流成本高、市场竞争激烈而不得不竞相打价格战，使得零部件生产企业的利润空间变得非常小。一方面，汽车零部件生产行业的现状需要通过重组、整合来实现企业的集团化发展；另一方面又因为零部件企业缺乏相应的机制和动力而难以实现这样的发展。拥有良好客户基础以及参与整车研发能力的零部件生产企业的规模将会不断扩大，从而导致众多中小企业面临非常大的生存压力，它们最终被兼并重组的可能性也会比较大。

限购政策只是中国汽车产业发展到一定时期的阶段性产物，但它不仅给准备购车的消费者的生活带来了未曾预期的改变，也极大地冲击了中国的汽车生产企业。趋势已经显现，如何在竞争的大潮中坚持下去并脱颖而出，中国的汽车企业需要着眼长远，制定对策，未雨绸缪。

（本文写于 2011 年 6 月）

在华外企应享受何等待遇

自谷歌将搜索服务从内地移至香港及中国依法处理力拓案后，有西方舆论对外企在中国的经商环境表现出了隐忧情绪。美国《华尔街日报》2010 年 3 月刊文表示："一些外资企业说，它们与中国的关系正在变味，因为更加强硬的政府政策和日渐加剧的国内竞争令中国这个全球最重要市场之一对跨国企业的态度不再那么友好。"就在最近，中国欧盟商会（European Union Chamber of Commerce）前主席约尔格·伍德克（Joerg Wutt-ke）在英国《金融时报》刊文称："中国欧盟商会成立 10 年以来，我很少见到会员们的市场情绪如此低迷或消极。经历了 30 年渐进的市场改革之后，许多在华外企仿佛意外遭遇了难以逾越的障碍。"

此类媒体报道确实引起了一些外企对在华生存环境的现实考虑。但在我看来，这些担忧与消极的猜测虽存在着一定的客观性，却并不具备全面性。谷歌从内地转至香港的事件仅属个例。毕竟大多数外企，在刚刚进入中国市场之际，都享受了优惠待遇，这些优惠政策使外企获益颇多，相比之下，中资企业却在竞争中处于劣势。因此，减少对外企的优惠，给中资和外

资企业一个公平竞争的环境，对于日后中国经济发展有着重要
作用。

担忧，大可不必

对于文章开篇提到的担忧，另一些外企高管给出了不太相同
的意见。

在中国美国商会（The America Chamber of Commerce in
People's Republic of China）举行的"2010 中国商务环境"调查报
告发布会上，多位在华外企高管表示，中国近 30 多年来秉持的
对外开放政策没有发生变化，只是在华外企因所处行业不同，对
中国商务环境的感受有所不同罢了。

在此次调查报告中，82% 的受访美企对 2010 年在华投资前景
持乐观态度，91% 的受访美企对未来 5 年在华发展前景持乐观态
度，这两个比例均高于 2009 年相关调查结果。这点在我的新书
《中国战略》 ［2010 年，美国基本出版社（Basic Books）出版］
里也不无体现：以 IBM 为例，IBM 目前的中国业务与其在几年前
所预想的大相径庭。这并非是由中国不断增长的消费群体或者廉
价劳动力所造成的，而是出于将中国业务与其全球事业相整合的
需要。

正如越来越多的企业一样，IBM 也在中国业务中采取了"全
球视野"战略，而其他采取类似战略的典型企业还包括可口可乐
（Coca－Cola）、霍尼韦尔（Honeywell）、通用汽车（General Mo-
tors）和通用电气（General Electric）。除了在中国采购产品并占

有中国市场外，IBM 还对中国业务投以巨资，并将其与全球事业相整合。

在中国实施"全球视野"战略带来的效益显而易见，越来越多的外资企业也准备扩大其在华业务。这些企业有的已经在向部分中国消费者出售产品，有的已经在利用中国庞大的劳动力市场，还有的已经将中国作为制造外包基地，但是现在，这些企业希望获得更多。

此外，在华运营的跨国企业的盈利不断上升。中国美国商会 2009 年的一份研究显示：在 1999 年，仅有 13% 的外资企业的在华业务利润率高于全球平均水平；而在 2008 年中期，这一比例超过五成。更值得注意的是，许多跨国企业的高管认为，在中国已经积累了足够的经验，希望在未来不断扩大中国业务。

优惠待遇下的发展

改革开放后，中国同其他发展中国家一样，为了吸收外商投资而对其实行优惠政策，即"超国民待遇"。所谓"超国民待遇"，即优惠待遇，作为国际投资法上的一个概念，具有特定的法律意义，即指一国对外国的自然人、法人或其他经济组织给予优于本国的自然人、法人或其他经济组织的待遇。目前中国对外资实行广泛的优惠政策，包括税收优惠（所得税优惠、关税优惠、再投资优惠），土地使用优惠①，外汇管理优惠②，产品销售、物资供应优惠③，劳务费用优惠④以及水电优先提供等优惠措施。

这些政策的实施，与其他因素一起，对中国吸引外商投资起到了巨大的促进作用，使得中国连续多年成为仅次于美国的世界第二大外资流入国和发展中国家第一大外资流入国。30多年来，外企一直在中国受到欢迎。它们带来了巨大的投资、技术以及管理技巧，建立起了不仅令自身受益同时也惠及竞争对手的供应

---

① 根据全国性法规和某些地方性法规的规定，外商在中国境内投资需要使用土地的，可以在土地使用费用和土地使用时间上享受优惠待遇。外商投资企业如属技术先进企业和产品出口企业的（下称两类企业），其土地使用费（大城市市区繁华地段除外）按以下标准计收：第一，开发费和使用费综合计收的地区，为每年每平方米5至20元；第二，开发费一次性计收或者两类企业自行开发的地区，使用费最高为每平方米3元。这些费用，地方政府还可酌情在一定期限内免收。

② 在中国境内设立的外商投资企业，在外汇管理部门的监督下，可以相互调剂外汇余缺。为此，1985年在深圳经济特区设立了第一个外汇调剂中心。截至1993年底，全国已有18个城市开办公开调剂市场，建立了100多个外汇调剂中心。为外商投资企业解决外汇收支平衡提供了方便。外商投资企业还可以其自有外汇或从境外借入外汇（指美元、日元、港元、德国马克和英镑）作抵押，向中国银行和中国人民银行指定的其他银行申请办理人民币贷款。企业贷到的人民币款项可以直接用于支付企业的生产成本和费用，也可用于纳入计划的国家资产投资。

③ 产品销售优惠主要体现在增大内销比例和以产顶进两个方面。我国对外商投资企业生产的产品，在实行以外销为主原则的同时，还贯彻以市场换技术或以产顶进的方针，如其产品属国内需要进口的紧缺产品，采用国内原材料、元器件生产的产品或外商提供先进技术、设备生产的产品，经有关部门批准并照章纳税后，可以适当增大内销比例。物资供应优惠主要是价格优惠，即我国供应外资企业的物资（除黄金、银、铂、石油、煤炭、木材必须按国家外汇管理部门或外贸部门所提供的市场价格计价，以外币或人民币支付外）与我国国有企业一样，按国内现行价格计算，并以人民币支付。另外，某些地方性法规如《上海市外商投资企业物资采购和产品销售办法》还规定，外商投资企业在上海市采购其所需物资，在同等条件下，各物资经营单位或企业应优先满足两类企业的需要。

④ 劳务费用优惠是指除支付给劳动者的工资和用于其他社会保险基金、福利费用和住房补助基金外，免缴国家对职工的各项补贴。

链，同时还为消费者提供了更多的选择。它们的贡献一直是中国经济成功的重要驱动力。

中国经济的迅速腾飞与在华外企的不断发展，逐步引发了对在华外企的待遇问题的争论。外资公司在中国建立了大量的企业，在中国创造了大量的就业机会，同时也为中国提供了大量的税收，带来了先进的技术和管理，从这个意义上来讲，这些外资公司对于中国的贡献和中国公司一样，因此，有人建议，应该把这些外资企业看作中国的公司，而不是区分你我。

挑战同样存在

然而，乐享如此优惠待遇的外企也面临严峻挑战。正如我在《中国战略》里提到的那样，对于外企而言，它们所面临的或许是复杂且不断变化的规章及政府惯例，而这些将决定跨国企业在中国所能取得的成果。与此同时，整体的自由化政策正朝着更小的"所有权限制"（包括外资企业完全控股或部分控股中资子公司）和更高的"产品市场自由度"（即不受政府制约地做出业务决策的能力）的方向继续发展。

约尔格·伍德克也表示："突然之间，相关监管方面的限制汇集到一起，酿成一杯危险的'鸡尾酒'——许多公司从中嗅到了保护主义气息。尽管在某些领域（比如金融服务业和零售业），中国市场的开放程度越来越高，但在许多行业，外国企业的挫折感远比中国政府意识到的更为明显。"

的确，一些行业面临相对宽松的所有权监管，但在所提供的产品和服务方面却受到严格控制。例如，自 2006 年下半年以来，在入股中资银行的外资持股总额不超过 25% 的情况下，单个外资机构能够在任意一家中资银行中持有不超过 20% 的股份。但是，信用卡只能通过与中资银行的合资公司发行，而且新产品在获得审批前通常需要等待很长时间，且外资银行不大可能在中国同行之前获批推出投资创新产品。在其他行业，所有权自由相对有限，但产品自由度很高。例如，外资企业在中国汽车制造企业中的持股比例不得超过 50%，但对外资企业生产什么车型、如何销售却少有限制。

此外，随着中资企业日益发展，它们逐步成为全球竞争者。部分企业，如华为这一全球第二大电信设备商，给所在行业带来了巨大的影响。在推动西门子（Siemens）和诺基亚（Nokia）的网络基础设施业务部门合并，以及阿尔卡特（Alcatel）收购朗讯（Lucent）为代表的全球行业重组方面，华为发挥了重要作用。2008 年的全球经济危机强化了中资企业的地位以及与海外企业间的关系。中资企业变得更为强大，给其他的国际企业带来了一系列新的挑战。

公平竞争环境更有利

上述外企面临的新挑战以及业有的舆论已经不单单是优惠待遇与国民待遇的争论，而是一种对公平竞争环境的需求。

这种需求无论从外资还是中资企业方面，都是非常必要的。因为如果我们从中资企业的立场去看，会发现诸多不平等，尤其是中国企业跟外资企业的不平等地位，特别是地方政府的各种优惠政策、国家税收上的倾斜措施。在许多产业表现出来的诸多现象也引起了许多人士的担忧，外资独资化的趋势及外资在并购中要求控股的趋势也日益凸现。对此，有人担心，外资的控股以及独资化将会影响中国的产业安全。

在他们看来，外商投资法中与国民待遇相悖的内容之一，是各种优惠待遇，其中最为突出的是税收优惠待遇的规定，它既包括所有外商投资企业都能享有的普遍优惠，也包括经济特区、经济技术开发区等的外商投资企业，以及产品出口或技术先进企业才能享有的特殊优惠，还包括因投资行业、投资数额和经营期限符合法律要求而专门享有的特殊优惠。此外，优惠待遇中较为突出的还有进出口经营权的享有和免领进口许可证。以上优惠待遇的内容，人为制造了内、外资企业的待遇差别，不利于企业之间的公平竞争，有碍于国民待遇的全面实行。当然，可喜的是，在未来的 5～10 年中，将会不断涌现规模更大、更为精益、具备更好竞争能力、能在全球运营业务的新一代中国企业。

虽然在税收改革上，到底是将中资外资的税率统一还是仍保存差异还存在争论，但是，中、外资企业在法律上的平等要高于一切则为共识。中国经济若要不断地跟国际经济接轨，大家在法律上的平等确实意义非凡。而同时，外资企业在华经商，必须要遵守中国的法律，如税法、劳工法、环境保护法、知识产权法等等，中国企业在本土经营也同样要遵守各种法律，就如到别的国家去拓展业务也必须遵守他国的法律一样。

（本文写于 2010 年 5 月）

把握变化中的中国机会

我把一些企业称为全球整合者。它们善于将在华业务转化为其全球价值链的枢纽，从而发挥中国的双重作用——第一，将中国作为重要的"销售市场"，第二，将中国作为重要的"采购中心"。它们利用中国业务有效地改善了全球规模经济及采购优势。这些公司在发展在华出口业务的同时，还将国外的优秀设计及标准引入中国市场，从而进一步获得了竞争优势。

整合在华业务并确定模式

汉斯格雅公司（Hansgrohe）是进行全球整合的公司之一，这家源自德国的卫浴公司在 2002 年被美国的马斯柯集团（Masco）收购。汉斯格雅的中国总部位于上海，目前同时采用两种模式运营，在向中国市场提供销售服务的同时也为其全球业务通过出口供货。公司还在有把握的前提下向中国引进高端产品。

另一家具代表性的公司则是美国的热水器生产商——A. O. 史密斯（A. O. Smith）。在过去十年间，这家公司在中国建立起了覆盖全国的管理团队及销售网络，同时还利用其在中国市场的经验及生产能力进行海外市场扩张。公司将某些中国现有的热水器设计并重新包装后引入美国，增强了公司在美国某些市场中的竞争力；公司同时还在中国生产热水器并销往印度。A. O. 史密斯成功地发挥了中国的双重作用，其 2007 年的销售额比 2001 年提高了 5 倍，年复合增长率超过 33%，市场份额一举超越其他所有国外热水器品牌，仅次于中国的家电巨头海尔。

某些精益求精的全球整合者在整合时，倾向于将更多的上游活动（如研发及产品开发）整合融入其在华业务的价值链中。可口可乐（Coca - Cola）和宝洁（P&G）就属于这类公司。它们在本地市场的研发方面进行着孜孜不倦的努力。作为可口可乐的代表性产品，富含果肉的果粒橙体现了当地消费者与全球品牌及平台的优良结合。再如赛诺菲 - 安万特（Sanofi - Aventis），这家全球领先的制药公司在 2008 年宣布将其研发基地迁至上海，在北京建立世界顶级的生物统计学中心，并加强与中科院的合作。这些措施覆盖了新药研发至晚期临床研究期间的所有阶段，旨在改善公司的能力及效率。

当企业朝着全球整合迈进时，其整合出发点即当前的业务模式。企业决策者在决定采用什么样的模式——以采购为主，以销售为主，还是做全球资源整合者——时，首先需要立足以下三个层面对中国进行思考：

第一，中国在价值链中的位置。将中国视作低成本采购及制造中心的传统观念，已不适用于当今的中国。

第二，销售的规模及对象。中国市场是多种元素的组合，如地理、文化、收入、教育、能力等，而这些元素的更新速度使这个市场更加扑朔迷离。总而言之，任何想要在中国有所作为的公司都必须透彻地了解这片土地。

第三，对哪一部分进行全球整合。为了确定全球整合的程度，公司需探明这样一个问题：在这样一个充斥着变化及处处呈现连贯性的国家，公司的哪一部分可以被整合融入全球框架？

许多全球整合者，特别是那些希望在中国销售多种产品的公司，最终可能同时拥有两种或三种业务模式。在本地市场的产品线中，企业必须将沿海发达城市与众多高速发展的三四线城市加以区分。而对于其他生产高端产品的业务而言，其对象则是较发达的全球市场及中国的富庶市场。

许多西方跨国公司都忽视中国庞大的、具有发展潜力的三四线城市市场，这是常见的错误做法。在跨国企业忽视三四线城市的同时，中国的本土企业获得了在这些城市中发展的机会，它们将最终在市场上占得一席之地并逐渐延伸至二三线城市。其实，中国的三四线城市拥有巨大的利润潜力，值得跨国公司"下沉"去寻找机会。另外，通过为中国本土企业产品生产低成本的替代品，跨国企业还可以获得与本土企业同等的价值来源。

整合中的变数

我会向跨国公司领导者提出以下的五个关键问题。中国市场不断变化，企业领导者必须解决他们在华业务中不可避免的取舍问题，并判断数据及信息是否足以支撑决策的制定。

问题一：如何获得所需的当地知识，从而打开中国各线城市的市场？

大多数西方跨国公司在华业务的起步点都集中在三个核心区域：上海及周边的长江三角洲；北京、天津及周边地区；从广州延伸至深圳的珠江三角洲区域。在下一个十年内，想要在中国得到长足发展的公司必须看得更远，并尽可能地扩充当地知识。

这当然需要时间。肯德基公司在中国耗时近十年开设了100家分店，之后便凭借着早期积累的当地知识将分点数扩大至2000多家。再如可口可乐，尽管已经实现了数百万计的销售门店，他们仍致力于从自身的渠道中获取本地知识。

企业可以通过多种途径获取本地知识，与国内外的各政府部门合作并寻求意见即是途径之一。如今，中国政府的数据资料日趋完善并愈加准确。当然，本土企业也是很好的知识来源，它们可以帮助跨国公司了解运营地区的市场环境。

然而，获取本土知识的最佳途径还是实践，即来源于每一个产品、每一座城市的经验。宝洁公司凭借着此方法脱颖而出，不断地在全中国推出个人护理产品。法国大型连锁超市家乐福注重不同门店的细微差别，给予当地经理足够的权限进行自主采购及管理。这是一把双刃剑，分权这种方式可以导致腐败、造假以及与健康和品质标准相关的种种问题，但国外企业可以从中吸取教训并总结出解决问题的各种办法，从问题中学习。

问题二：管理者如何获得工作所需的切身经验？

许多西方跨国公司聘用在中国已工作数年的管理人员运营其业务，并最终获得了成功。成功的公司一般不会将其业务交给不了解本地情况的管理者。这种现象为跨国公司提供了一些启示。公司一方面需要考虑外派人员的作用以及他们在中国的工作时间，而另一方面，还需考虑当地人员是否能真正加速公司的本地化。无论当地人员或是外派人员，培养所需经验都需耗时经年。管理者需同时具备对中国环境深入的了解。

尽管所谓的有裙带含义的"关系"已不像从前那样重要（起码在开放的市场领域是如此），然而与当地不同层面的利益相关者建立起创造价值的双赢合作关系仍是相当重要的一环。因为这种关系可以帮助企业调整对自身行业的认识。关系通常是基于个人或个人方面建立的，这也是企业为何需要保留优秀管理人员的原因之一。

与当地企业或政府建立紧密关系的途径之一，即是成为中资公司的一员。许多国内的大型公司都拥有外部董事成员，比如前高盛（Goldman Sachs）总裁约翰·桑顿（John Thornton），如今正是中国网通以及中国工商银行的董事会成员。

巩固关系的另一途径，即是与中国政府合作，帮助其提高能力。主要的跨国会计公司向政府机构安插顾问团队，协助中国政府制定税务政策；投资银行也在积极与证券交易所展开合作，将国外的模式引入中国。当然，并不是所有建议及方案都会被采用，但政府总是想知道其他国家的模式，并希望从中获得值得中国借鉴的经验。

问题三：企业应如何培养所需能力，从而应对市场的突变及非连贯性？

中国的市场规模巨大，不同地区的差异程度较高，因此想要在中国完全把握消费市场的变化并不是一件容易的事。同时，政府对市场突变的影响还让事情更加复杂化。政府在 2008 年中期再次运用了宏观调控，限制公司进入资源密集及重污染行业，同时取消了多个行业的出口退税。虽然这些限制在 2008 年至 2009 年初期的经济危机时有所松动，然而，政府将很有可能继续利用这些限制，刺激公司退出不被看好的行业。

虽然预测政府的动向并不容易，但因政策而产生的市场比比皆是，跨国企业必须建立一套在政策偏向自己时伺机而动的能力。对于某些行业而言，这意味着企业需在北京成立一个联络处，随时与相关部门或政府机构取得联系。而对于其他行业而言，这意味着企业需要熟谙政府的战略议程并预测可能的变化。换言之，企业需要获得最佳渠道从而把握政府的思考方式。

长期在较成熟市场工作的管理者们往往习惯了在较小幅度变动的环境内经营。这些管理者来到中国之后，往往发现自己很难适应中国市场的突变。在发达市场中，公司收入的变化通常保持在个位数，因此管理者们适应了线性的逐步变化。相比较而言，中国的经营环境驱使管理者必须采用非线性视角看待问题，往往需要在必要情况下能进行大胆的尝试。

问题四：企业是否能为中国业务进行必要的取舍？

进行必要的取舍是企业在华开展业务的重要环节，任何企业都无法避免。对于大多数企业而言，最大的取舍莫过于在确定性及机遇之间作出选择。考虑到中国现有的发展速度、业务各方面的缺陷以及数据不对称等因素，大多数公司都无法获得制定决策所必须的知识基础。长时间的拖延将导致公司错过其产品的成长期，而过于激进的行动又将带来不必要的投资成本。中国公司在对这两者进行权衡时可谓是深得要领，它们努力寻求一切可能的机会，并随时准备好进军热门的新兴业务领域。成功的公司固然可实现飞速的增长，然而也有公司在此过程中不慎失足。

尽管中国的商业发展史并不悠久，然而已经有许多公司在一度快速发展后一落千丈，其规模远不如从前，其中还不乏从此销声匿迹的公司。以德隆为例，这家在 2005 年前后还有着近 40 亿元年收入的大型集团，最终随着其创始人唐万新的入狱而宣告破产。唐万新被控非法集资及操纵股价，最终被判入狱八年。另一个案例则是广东科龙集团，它曾一度成为中国最大的电冰箱制造商。科龙集团也卷入了商业丑闻，集团董事长顾雏军因在 2002 至 2004 年披露虚假收入及利润数据，涉案金额分别高达 1.5 亿元及 5000 万元，被判挪用资产及金融诈骗罪。宁波波导集团曾在本世纪初成为最大的国产手机品牌，仅次于诺基亚及三星。而如今的波导却沦为众多普通的当地手机品牌之一，很难与诺基亚、摩托罗拉及三星一争高下。

对于跨国企业来说，这类取舍则显得更加微妙。尤其在公司发展的早期，用投资换取经验往往是颇有价值的。以日本为首的跨国企业，往往将上世纪 90 年代及本世纪初期视作"学习年代"，它们在此期间进行市场定位并做足准备，以便在市场成熟时大展身手。

根据丰田的理论，在很长一段时间内，这种酝酿尚需时日，因此大众与通用分别与中国汽车业巨擘上汽及一汽先后建立了合资关系。虽然丰田也与一汽成立了合资公司，但丰田在华业务的真正精髓，还体现在其与广汽这家非重量级公司的合作中。广州拥有专门的港口负责将汽车运输至中国各大沿海城市，将总部设于此地的丰田无疑拥有更强的控制力。而且广汽也相对内敛，这可让丰田在合资企业的发展上拥有更多的主导权。

对于其他行业的大多数公司而言，打开中国市场的代价就是引入它们自身的经验及专业知识。西门子（Siemens）和阿尔卡特（Alcatel）凭借此方法，于上世纪80年代及90年代得以在中国通讯设备行业立足。另外一个案例是汽车行业。中国的汽车政策要求外资建立50/50的合资。从中方角度来看，他们希望通过这种合作来"以市场换技术"，从外资的角度来看，这是进入中国庞大汽车市场所需要付出的代价。

保护知识产权是外资企业最关心的问题之一。常见的保护措施包括在境外建立关键流程，或直接加强工厂内的安全性，对工厂不同部门的进出权进行严格控制。当然，在决定是否要将一项技术引入中国时，需考虑的问题不仅是中国企业是否会进行窃取或抄袭。在某些情况下，选择不引入技术反而可能刺激本土企业尝试进行自主开发及生产。不论产品质量的好坏，这些企业都深信它们可以培养制造及销售方面的业务能力。但一项被引进的产品或技术将受到来自原版的竞争压力，因后者通常拥有更高的品质及更好的支持。另外，一旦加入市场竞争，公司还可着手解决如何使产品更符合需求、如何利用中国的较低成本制造优势从而增加产品竞争力等问题。

问题五：企业是否接受这样一个观念——在中国，"大概正确"比"精确错误"更加可取？

对于企业运营而言，中国市场还将在很长一段时间内维持不明朗的形势，想要确保万无一失的公司最终将错失良机。在这种形势下，中国涌现出一批强大的领导者，如海尔集团董事长张瑞敏和华为公司创始人任正非。他们深知，墨守成规并不能帮助他们获得成功。相反，为了尽可能地提高成功机率，他们常备不懈地为新机遇做好了准备。这些领导者做事果断，总是主动地寻找成功的机遇，而不是固守已有的成就。

因为不能（或不愿意）把握新机遇而败下阵来的跨国企业比比皆是，标致汽车在广州的合资一事便可谓是惨败而归。但也有许多公司从中吸取了教训，正如标致雪铁龙在出师不利之后转而与东风汽车合作，在中国的中部城市武汉设立合资公司，其工厂每年可生产近50万辆汽车。

总之，有多项调查都表明：全球性公司的在华利润率处于上升趋势。以美商会的一项调查报告为例：在2008年，有3/4的受访公司称其在华业务是盈利的，这个数字较上一年有所增长。更值得一提的是，在十年前，只有13%的公司称其在华业务的利润高于全球业务的平均值，而在2008年中旬时，这一比率已达到50%。

五年前的我们尚且可以肯定地说，即便企业因为中国的不确定性而推迟了投资决策，那么这也是值得的。而如今的中国市场已经变得更加透明、开放，市场中的"暗箱操作"越来越少。与此同时，越来越多的中国人（甚至外国人）对在华业务更加熟悉，经验更加丰富，他们制定的决策也更加有效。关于如何参与其中的决定未必正确，然而决定置身事外则几乎一定是错误的。

让企业朝着"全球视野"迈进

诚然，并不是所有企业都需要进行全球整合抑或是具备"全球视野"。对于像餐饮业这类产品及服务的定制化程度极高的行业而言，维持本地运营不失为一种优秀的运作方式。然而对于那些有能力培养"全球视野"的企业来说，全球整合将很有可能带来实质性的收益。

对于以出口为目的而进行采购或制造的公司（B型公司）而言，其首要目标应是在中国抓住销售机遇，从而实现规模效益。在这个过程中有两个关键的成功因素：其一是将当地的市场知识应用于本地供应商的合作关系中；其二是培养物流及分销能力，从而在全国范围内提供服务。沃尔玛实践了这套方法，虽然其在华销售的产品价值远不及价值300亿美元的采购产品价值。然而为了确保每家店铺都有充足的货源，沃尔玛进行了快速的扩张并很好地利用了其采购知识。

对于销量高于产量的公司而言（C型公司），其首要目标是充分利用中国的低成本优势从而服务全球网络。这些公司在扩展价值链的制造终端时也有两个关键的成功因素：一是提高产能，从而生产符合中国实情的产品；二是选择正确的地点，从而确保成功地扎入现存或新兴的供应网络。

受当地政策及日益增多的富裕大众所驱动，许多全球豪华汽车制造商正朝着全球化迈进。宝马和奔驰已为中国市场制订了积极的扩张计划，它们都决定同时通过更高程度的本地化及更庞大的销售网络实现产量的增长。

对于那些在中国既没有主要的采购渠道也没有销售业务的公司而言，它们的优势在于可将业务整合从零做起。这其中的劣势也很明显，即它们往往缺乏经验。然而这些企业并不应因此就认为自己已错失良机——中国虽然取得了骄人的成就，但还处于初始阶段。

另外，管理手段也应有所调整，特别是对于那些渴望成功的世界级公司而言。大众汽车在中国的经验就很好地证明了这一点。这家德国的汽车制造商于1984年进驻中国，凭借市场先机取得了众多辉煌的成果。大众的成功源于其本地化的生产、采购，以及一支充分了解中国实情的专营团队。然而，随着汽车行业的全球并购不断地推动全球产品融合，大众并没能及时地把握机遇，错过了相继而来的供应链全球化。最终，在竞争对手频频推陈出新的同时，大众仍然销售着早已过时的产品。2000年至2006年期间，大众市场份额急剧下降。另外，在销售、采购及生产运营等方面的整合不力，还使得大众无法利用中国的低成本供应商服务其欧洲业务。

面临着业务的急剧衰退，大众实施了一项为期五年的重组计划，旨在加大国内外工厂使用当地采购及集中采购的比重，从而实现成本缩减；推出十多种新车型或改良车型，从而更好地，满足客户需求；新建斯柯达（Skoda）工厂，利用东欧分工厂的低成本优势，向市场推出低端车型；建立新的经销商关系，每个经销商比原来更加专注地服务某类客户。到2008年，所有努力终于有了回报——大众顺利实现扭亏，其市场份额在下滑多年之后首次实现增长。尽管通用、丰田等外资汽车厂商及众多中国公司抢占了大众的市场份额，但大众也算是找到了一条通往全球化整合的道路。

越来越多的公司开始在中国进行全球化整合，固特异轮胎与橡胶公司（The Goodyear Tire & Rubber Company）最近也跻身此行列。固特异轮胎中国分公司成立于1994年，致力于为国内外各种高级轿车及卡车生产轮胎。然而在1995年到2002年间，其全球销售业绩停滞不前，年复合增长率不足1%。固特异公司随后在2002年对大连这座沿海城市进行了大规模的投资，这标志着公司正式将中国视作全球供应商基地及推动销量增长的核心。公司为其轮胎及其他与汽车相关的产品及服务成立了一套售后产品专卖的销售网络。短短几年时间，公司的销售点从100家经销店增长到了1000家专卖店。固特异公司在中国庞大的销售网为其提供了实现采购、销售并行的条件；这也正好符合了公司在多年前所规划的愿景。

固特异最初设计的战略是既抓住中国在制造能力上的优势，同时还抓住中国的市场潜力。相对于其主要国际竞争对手米其林（Michelin）而言，固特异在中国的销售点扩张可谓是快马加鞭。固特异成功地满足了日益挑剔的消费者，从而实现了30%的收入增长。除了提高销售量，公司还升级了其门店，从而提供全套的定制化服务，这也为公司提供了额外的收入。

在中国进行采购的公司常常为质量问题所困扰，其主要原因是许多国内供应商并不能很好地遵守国际标准。针对此问题，固特异与供应商，甚至供应商的供应商建立起长远的合作关系，从而帮助其达到标准。得益于这些措施，固特异的大连工厂现在能生产高端的高价值轮胎，这些轮胎在公司的全球审核中达到了顶级水准。通过加强自身及合作伙伴的生产流程及常规审核，固特异公司将其顶级品质延伸到了制造网络中的每一环节。

最后，面对全球供应网络的复杂物流，固特异在中国市场选择了单刀直入。公司不断寻求缩短前置时间及成本的新手段，其中包括用铁路运输替代公路运输。此手段说明增加物流能力是提高公司业绩的不二法则。

中国的增长，或者说中国销售量的增长，必将带来采购量的提升。反之，更高的采购量也将带来出口的增加。一般而言，出发点并不重要，最重要的是一个企业是否能打下坚实的基础从而实现扩张并将其与全球业务相协调。

在销售及采购业务方面颇有建树的公司也将面临诸多挑战，挑战之一是为全球供应链的有效整合建立足够的规模。作为一家中国的主要汽车零部件生产商，万向在进入某个新市场时，首先探讨的就是此市场的第三方分销是否能在最短时间内实现扩张。万向将外部合作的重点放在吸引人才及技术上，从而实现了规模效应及产量增长。这些努力让万向从 1999 年开始便保持了 30%以上的年销售增长率。

（本文写于 2010 年 8 月）

全球经济的引爆点

与以往相比，2011年全球前2500家上市公司（根据市值进行排名）取样对象的构成有所不同，这很大程度上预示着全球经济体可能会发生巨大转变。跨国公司的重心已经从西方成熟的经济市场转向新兴市场（见图表3）。某些细节可能会因为国家和行业的不同而变化，但一般原理放之四海皆准。

位于新兴经济体的公司都处在飞速增长阶段，新兴经济体不仅包括巴西、俄罗斯、印度、中国（统称"金砖四国"），还包括高盛所定义的包含孟加拉、埃及、印度尼西亚、伊朗、墨西哥、尼日利亚、巴基斯坦、菲律宾、韩国、土耳其、越南在内的N11国（Next－11）。它们处在博斯公司所提出的发展曲线的早期高速发展期：任何国家或地区在进入工业化经济时期都会出现的自然进化过程。与此同时，北美、西欧的成熟经济体在取得进一步发展方面正面临挑战，而这些挑战也因为过去几年的经济危机而变得更为严峻。全球经济衰退扩大了高速发展的金砖四国以及N11国与经合组织成员国之间的差距。

此外，和五年前相比，位于这些新兴经济体的公司能更好地进入资本市场。目前，投资者们更乐于投资这些新兴经济体，而位于新兴市场的这些公司的高级管理层也比以前更

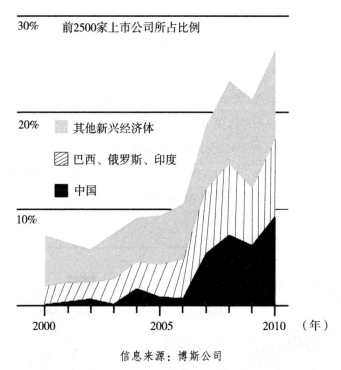

信息来源：博斯公司

图表3　新兴经济体上市公司增长图

具全球视野。现在，这些公司可以在国内外市场（包括北美、西欧）进行上市融资，为其他业务提供资金，并为收购活动提供资本。

最后，位于新兴经济体的公司享有明显的资源优势。过去几年，在人口数量上占有优势的印度、中国等国，以及在自然资源上享有优势的俄罗斯、巴西等国在全球 GDP 增长的过程中是否分得最大的一杯羹？

尽管这些一般原理适用于所有新兴经济体，但中国的情况有些特别。首先，在我们的研究对象中，尽管很多中国大公司已经上市，但很大程度上仍受国家控制①。中国政府会根据行业专家名单为这些企业选拔任命董事会主席和 CEO。（中国政府在顶尖的国有企业运用了西方董事会模式，而这类董事会可以行使相当大的权力。）最后，考虑到政府监管程度高，中国的公司通常享有明显的区位优势，至少在国内如此，并购鲜有发生。这些都可以说明为什么中国的 CEO 更替率比其他国家低得多（见图表4）。

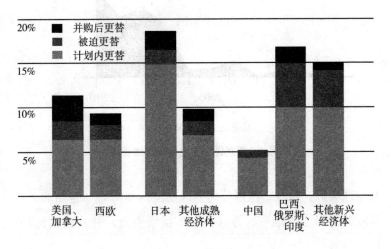

信息来源：博斯公司

图表4　2010 年 CEO 更替率区域分布图

在未来几年，我们应该会看到中国公司以及位于其他新兴市

① 全球前 2500 家上市公司中，有 232 家中国公司，其中排在前十位的全是国有企业。

场的公司在面对整个世界时会更为开放，无论是在思想层面还是在实践层面。根据需要，中国的商业领袖们会形成更为国际化的视野，这无疑会对未来几年的 CEO 更替造成影响。

（本文写于 2011 年 10 月）

金融海啸下大中华企业如何崛起

由美国的次级债危机引发的金融海啸在短短几个月已经席卷全球，这场金融危机从宏观上改变并加速了世界经济重心的转移，更从微观上改变了企业运作的市场环境。在这场金融危机塑造的新市场环境下，作为微观经济单元的企业个体将面临新的挑战，但同时也需要在这场第二次世界大战后最大规模的金融危机中寻找新机遇。一方面，以美国为首的传统发达国家仍在争论如何面对衰退，各国央行连续减息并相继推出金额庞大的救市方案；另一方面，大中华地区（中国大陆、香港、澳门、台湾）在这场金融危机中的表现成为世界瞩目的焦点。2008 年 11 月中国中央政府 4 万亿人民币"救市"将造就怎样的中国，牵动着众多决策者下一步的决策选择，亦成为全球金融、实业界关注的重要议题。但在大中华地区投资，需要对其现状有足够的了解，博斯公司考察的不仅是行业前景，更密切关注具体的公司，对企业和公营机构提供咨询建议，试图寻找大中华企业崛起的可能性。

对于 2009 年的展望，此次金融危机对企业带来的影响和变化主要有以下四方面：一是全球供需关系发生变化，二是法规完善与政府监管的变化，三是金融危机带来中国与外资企业相对竞争位置的变化，四是消费者态度与可能的信念转变。

供需关系变化

此番金融危机首先通过次级债问题出现在美国房贷市场，并迅速扩散到金融、消费市场。美国、西班牙、法国、澳大利亚等明显过度消费的国家受到首波冲击，危机亦严重影响了这些以信贷驱动消费的国家居民的消费习惯，促使这些传统发达国家的居民消费习惯发生改变，而在消费产品层面需求的改变必然会影响发展中国家对这些产品的供给。于是，如美国等贸易赤字国家仍试图大举借债，以替代业已收缩的房贷市场；而中国等贸易顺差国家则试图开拓国内消费市场，提升消费占本国 GDP 的比重。2007 年，美国消费数额为 9.5 万亿美元，占 GDP 的 72%；同期中国消费数额约为 1 万亿美元，仅占 GDP 的 36.1%。在 2008 年金融海啸的冲击下，中国出口不振，为保持 GDP 良性增长，中国也必须扩大内需，鼓励消费。但冰冻三尺非一日之寒，当前的经济形势，任何向贸易赤字国家的借债都会有相应的投资与政治考虑，发展中国家消费市场的开发更不是一朝一夕得以扩展成功。以中国为例，据北京大学金融系教授迈克尔·佩蒂斯（Michael Pettis）研究，即使用非常保守的估算，如果美国消费市场出现仅占 GDP 5% 的下降，就已经需要占中国 GDP 17% 的消费增长，即要在现有消费基础上增加 40%，这显然在短期内是不可能完成的任务。于是我们目睹了全球需求下降，大量公司不得不以破产吞下产能过剩的恶果，报刊上大幅报道的港资企业在珠三角地区限产、停产、破产的新闻大家一定不会陌生。

全球对产品需求的下降，拉动了大宗商品价格的下降，全球商品热潮受阻，使得产品生产库存上升，企业活力受限，现金流周转出现问题，企业很容易陷入恶性循环。但在危机下，我们同样要看到危机中蕴藏的机会：金融危机一定会迫使相当一部分竞争力较弱的企业破产，但同时竞争力较强的企业则会通过此番危机调整产能，金融危机将会对总体产业格局重新洗牌，而竞争力较强的企业会在危机过后的市场中占据更有利的位置，分享更多的市场份额与相应利润。

对中国企业来说，危机带来的大宗商品价格下降，更能获得以较低价格成交的机会。当全球油价从最高点 147 美元跌至 2008 年底 40 美元左右时，尽管小心谨慎的分析师仍在坚持"淡市莫估底"的投资策略，但对中国企业来说，此时出手购入所承担的风险远远低于石油期货价格飞涨背景下"追涨杀跌"的痛苦，而且在相对低位购入石油、黄金、铁矿石等能源、大宗商品作为战略储备，对企业、国家都未尝不是一种选择。

市场监管与政府管制变化

此次金融危机带给中国制造产品的目标出口国的影响是全方位的，美国、欧洲各国对中国出口的市场需求大不如前，中国出口产品滞销，出口企业库存增加，出口增长受限，中国政府为此出台了一系列新政策积极应对。人民币在 2008 年 12 月初的贬值甚至引起《金融时报》、《华尔街日报》等国际财经报刊大篇幅报道，而中国政府推出出口补贴、进口关税等政策调整都是试图重振出口，拉动经济增长的努力。

但中国中央政府更多措施围绕在如何扩大内需、振兴居民消费上。历史上，"出口转内销"的商品曾经是商品"高质量"的代名词，也是中国贸易品市场的重要组成部分，这次在拉动内需的大背景下，大批量出口产品能否被扩大的内需消化，是中央政府最为关心的问题。

在中国政府 2008 年 11 月推出的 4 万亿救市计划以及 12 月初召开的中央经济工作会议中，都提出了在未来两年时间加大投资力度，如加大对国内基础设施的投资，这会集中在高速公路、高速铁路、机场建设等方面。将今天的中国与 1997 年亚洲金融危机时的中国进行比较，1997 年的中国的基础设施比较落后，多数省份的高速公路还未上马动工，住房制度改革也刚刚起步；如今中国已经建成初步的全国高速公路网，北京首都国际机场的 T3 航站楼在 2008 年奥运会期间也经历了高密度飞机起落的考验，这都会对未来中国进行基础设施投资提供良好的"路径依赖"，而农村地区和西部偏远地区在此次大规模基建投入中，同样可以在模仿与创新中大有作为。

值得进一步强调的是，人们对 2008 年飙升的石油期货价格仍然记忆犹新，各国政府对绿色清洁能源的探索都已经提上了政府的战略议程，在中国的 4 万亿计划中，涉及清洁能源方面的投资将达到 3500 亿元，作为生态保护和环境保护的建设投资。这个领域的投资将会是对中国传统"三高"（高投入、高消耗、高污染）经济发展模式进行的范式转移，相关商业模式也日趋成熟。清洁能源也是目前仍在活跃的风险投资、私募基金在金融危机下最为看好的领域之一。

对在此次金融危机中受到重创的银行业，中国政府一方面仍要寻求银行进行适度金融创新，另一方面则会加强相应法规建设。如在民营（私有）经济发达的浙江、福建等地，地下金融业已经颇具规模，相关运作已初步成型，如何处理应对这么庞大的金融组织，是否会成立新的金融机构，以及对在农村及偏远地区的小额信贷金融服务如何进一步规范化，这些都可能带来新的金融商业模式，催生相关企业。同时中国政府必须重视地下金融业发展所带来的潜在风险。

中外企业相对竞争位置变化

经过此次金融危机，中国企业和外国企业在市值上已经发生了明显的变化。现阶段存在着不少受到金融危机影响市盈率较低的企业，尽管暂时股价受挫，但这些企业却拥有良好的实业基础和较高水平的管理经验，这对部分现金流充裕并怀揣国际化理想的中国企业无疑具有较高的吸引力。2008 年 12 月，中石化斥资19 亿加元（约合 18 亿美元）收购加拿大石油公司 Tanganyika Oil 获得政府批准。通过此项并购，中石化提升自身上游勘探开发能力，有望成为多元化的全球能源供货商。

危机对那些涉足中国的跨国企业来说，会促使其集中其中国区业务，在危机来临时做"减法"。但那些对中国市场充满信心的跨国公司却要有逆势投资、大举扩张的决心与魄力，这也是跨国企业如何与竞争对手进行区隔的最有效的广告。

此外，国际上的救市行动，也将冲击跨国企业的在华业务。在经济形势有可能进一步恶化的前提下，各国都可能出现贸易保护主义，这是对跨国公司"软实力"的挑战。跨国公司的"软实力"不仅体现在政府关系上，更应体现在企业在危机出现时是否拥有备选方案，以及如何进一步实施跨国公司本土化战略上。经济寒冬与可能的保护主义思潮，使得跨国公司本土化战略有可能受到更多冲击，但寒冬也是跨国公司进行战略重估的时机，加强对人才培育、本土市场融资能力以及信息获取等重要问题的投入，这会帮助跨国企业在春天快速成长打下良好基础。

消费者态度与信念转变

德国社会学家马克斯·韦伯（Max Weber）曾经在 20 世纪初就提出"去魅"（deenchanted），经历过此次惊心动魄的金融危机后，惊魂未定的消费者在面对美国国际集团（AIG）、花旗银行（Citi Bank）等一个又一个国际大牌时，心底难免有一丝怀疑，这对相对健康的中国金融业无疑是良性扩张的最好时机。硝烟散尽后，在跨国企业撤退后的市场上，中国企业会拥有更多空间去"定位"自身，建立自身的声誉与品牌。因为金融危机下，消费者对企业产品"价值"的评估不单单来自产品性价比，更来自企业背后的形象管理。

金融危机时打造"软实力"，既是企业过冬的保证，又为企业播下在春天成长的种子。对那些饱受危机考验的跨国企业与中国企业，需要在逆境中保持财务健康，审时度势获得市场优势地位，确保自身在危机后扩张"卡位"。而对中国企业来说，有选择地吸纳大宗商品、原材料等低价资产，对未来发展进行战略储备，有极重要作用。中国企业需要利用金融海啸的波涛，看准机会在国内建立品牌，在海外扩张中增强"软实力"。对大批出口企业来说，产业链提升不单单停留在提高产品质量层面，更要重视产品研发，打造产品品牌。这是企业思维的变化，也是从过分依赖订单客户的生产型企业向基于市场调查决策的市场化企业转变。而对树大根深的跨国公司，要渐渐学会自力更生，通过更好的本土化来防止随时会出现的贸易保护主义，同时选择在适当时机"逆势出击"，以换取在顺境时投入大单广告都换不来的宣传效果。

改革开放 30 年来，尤其是最近的 15 年，中国企业发展非常迅速，取得了众人瞩目的成就。但是值得思考的是，这些成绩的取得，是否真的来自企业的核心竞争力？其实未必。在很多领域，一些企业得益于国家政策的扶植和保护因而水涨船高得以快速发展，而自身仍存在很多缺陷。与那些优秀的跨国企业相比，年轻的中国企业在创新和"软实力"上还很欠缺。

回顾改革开放 30 年的成就，中国经济的高速成长始终由市场化与全球一体化两种力量驱动。尽管遇上战后规模最大、影响范围最广的金融海啸，未来中国也依然会在这两股力量的驱使下继续发展。不同的是，中国与西方发达国家因为发展阶段不同，在市场化取向上也将各行其道，中国会进一步推进企业市场化，逐步放开市场；而市场化过度的西方发达国家则会经历以金融业"去杠杆化"为代表的适度收缩与监管的加强。但无论是中国企业的海外扩张还是跨国企业在中国的运营，都应加强本土化的努力，因为在此番市场化与金融海啸齐头并进的背景下，由于经济利益的驱动，各国在保护主义思潮下的遏制冲动随时都可能出现，只有更好地本土化，才是应对保护主义的良药。与此同时，政府监管角色的增强，使得企业"软实力"对那些雄心勃勃的企业海外拓展变得至关重要。

很多人都很好奇的是，为什么我们绝大部分的政府、企业与个人，都没有预测到此次金融风暴的来临？起码没有预测到其破坏性，虽然大多数企业都自信做了很好的风险管理。但是所谓的风险管理为什么完全失效？是因为没有人真正学到并运用所谓的"黑天鹅"（Black Swan）理论，也就是说运用传统的思维方式——统计学、经济学等，对于预测重大事件没有什么作用，因为改变世界的很多重大事件都是不能预测的，或者虽然能预测，但是不能用传统的方式来解决，因此我们要保持警惕，知道如何预测"不可预测"之事件。

最后，不管这次经济萧条最终将会走向何方、持续多久，最成功的途径一定是战略上积极主动、操作上小心谨慎的。优秀的企业在扩大战略版图的时候，要有法国元帅费迪南·福煦（Ferdinand Foch）审视自己的战场时的心态："我的中心地带已经放弃了，右边的军队开始撤退。这正是个大好时机，我该从左边进攻了。"

当全世界都把目光移向新兴市场，渴望中国成为世界经济第二个发动机时，世界经济未来的复苏是否由亚洲驱动，中国的大国崛起梦想可否实现，2009 年大中华企业需要应对的是更多的机遇与挑战。

（本文写于 2009 年 2 月）

山寨如何建成罗马

"山寨"是近两年来红遍大街小巷的热门词汇。追根溯源，"山寨"的本意是指脱离了政府控制的强盗据点。而如今，"山寨"现象却引发诸多的争议。

中国文化中的创新本性以及中国市场所创造的巨大机遇，为"山寨"企业提供了成长的土壤。的确有许多"山寨"产品因仿制或者盗版侵犯了其他企业的知识产权，但我认为"山寨"不应仅是低成本仿冒产品的代名词。它们中的一些佼佼者，如比亚迪、天宇朗通等，嗅觉灵敏，勇于创新，并且敢于冒险。当到了一定的阶段，它们便会迅速地往价值链上游转移，并培养核心竞争力，实现从模仿创新到自主创新的飞跃，从而脱颖而出。这也反映出了中国企业摆脱传统智慧、通过创新培养竞争优势的新趋势。

大多"山寨"企业如雨后春笋般大规模地出现，却"朝生暮死"，生命周期短暂。但是，有一些却非常成功地存活下来，甚至成为了行业中的领先者，建成了"罗马"。这些成功转型的"山寨"企业常常表现出一些共同的特征，尤其是在深刻理解本地市场、往价值链上游转移和投资未来三个方面。

深刻理解本地市场

　　成功进入市场并迅速建立稳固地位的"山寨"企业，都对当地的市场需求进行了深入的了解，弄清楚了竞争企业赢得优势的根源，并迅速寻找和把握到了被竞争对手忽略掉的或是竞争对手无力利用的机遇。它们通常会采用反应迅速、具备韧性的业务模式。这些模式大多具备以下几个特征：

　　1. 迅速、频繁地推出新的产品和服务，顺应最新的市场趋势和消费倾向；

　　2. 较深度地进行本土化、降低成本并保持韧性；

　　3. 对销售渠道和销售战略进行创新，尽量地接近目标消费者；

　　4. 在企业内部建立一个"实验—学习—应用"的高效循环模式。

　　此外，它们还擅长大幅度地提高产量、扩大业务，发展企业的战略性核心竞争力，并在随后提高市场准入门槛。成功的"山寨"企业通常是一开始着眼于低端大众市场。这个时候它们往往会通过大规模的销量来获得市场份额，然后通过培养在当地的区域优势，比如成本控制、定价以及提高供应链的连贯性，或通过与行业合作伙伴理顺关系、加强合作等方式，来提高市场准入门槛。

往价值链上游转移

通过模仿起家之后，成功的"山寨"企业可以非常迅速地获得专业技术，尤其是在研发和新产品设计方面。接下来，它们会开始注重开发有附加值的产品或服务，让自己的产品变得与众不同，稳固并且扩大消费者群体。通过升级核心能力，往价值链的上游转移并升级品牌形象的战略举措，这些企业开始逐渐摆脱原来的"山寨"模式。有一些企业甚至发展成为行业的引领者，引领新一波的产品和技术发展潮流，比如天宇朗通和比亚迪。

投资未来

很多"山寨"企业一开始着眼于 S 形曲线上的成熟市场部分，因为这部分的市场准入门槛更低一些。而且由于存在着巨大的消费者需求，这部分的市场也允许更多的参与者加入。在这块市场领域里，它们能够使用"破坏性战术"（disruptive tactics）来打压竞争对手。但是一旦站稳了脚跟，它们便会未雨绸缪，将目光转移到更远的地方。也就是说，优秀的山寨企业一直在不断地积极寻找下一个"蓝海"——一个可以在现有市场结束生命周期之前，为它们提供增长机会的新市场。

（本文写于 2010 年 5 月）

环保产业：先行者先得

　　随着中国城市化、工业化进程的不断加快，环境污染日益严重。大气污染、水资源短缺、水源质量下降、水土流失、土地沙漠化、珍稀物种濒临灭绝等问题日益严重。国家对环保的重视程度也越来越高，出台了相关法律法规加强环境保护。2009 年，国务院常务会议决定，到 2020 年中国单位国内生产总值二氧化碳排放要比 2005 年下降 40%～45%。

　　从能源保护角度来看，能源储存和管理技术的发展需求迫在眉睫，发展可替代能源也势不可挡。从均衡发展角度来看，缩小城乡发展差距、均衡清洁技术领域距离为首要考量项。此外，应总体上鼓励新能源发展，但是需抑制过热产业的势头；要发展本土企业的创新能力，同时鼓励海外企业带来更多环保领域的高端技术。对外资企业来说，目前的中国环保产业市场规模较小，但一些细分清洁技术领域已经显现了高增长的潜力。环保产业的竞争无疑将日渐激烈，但先行者必将在获取市场上占有先机。

两大领域前景可观

从宏观来看，清洁技术在中国的发展将涉及能源供给、资源利用和资源管理市场（包括水、垃圾和农林业管理等）三大方面。

首先在能源供给方面，太阳能、风能及生物能源具有发展前景。在资源利用方面，例如绿色建筑领域，企业可从环保优化设计、可持续原料选择、提高能源效率及水源效率入手。而资源管理市场也有很大的选择空间，例如水源提取、水源处理、水源分配、水源利用及污水处理。此外，垃圾安置、垃圾回收、垃圾再生能源和垃圾回收利用等方面也存在着巨大的商业机会。

然而，若要在这些细分领域中大展身手，企业应从以下四方面进行考量：市场准入、市场规模、单位环境效用潜能和解决方案的吸引力。市场准入表明私有或外资企业进入行业的难易程度；市场规模表示年销量；单位环境效用潜能，是指与传统解决方案相比，环保企业的解决方案是否能够减缓对环境的负面影响，同时带来更大的经济效益；解决方案的吸引力则指该方案能给客户带来经济价值，无论实际突破程度如何，该方案具有得天独厚的优势。

如果用各方面的准则进行考量，可以发现，可再生能源产业有着巨大的市场规模，但对外资企业来说，市场开放度仍有待提高。同时，该行业的技术水准还处于发展阶段，但是将对环境产生巨大的积极影响。

具体来看，太阳能领域涉及太阳光电、聚光太阳能及太阳能水加热器等方面。该领域的收益率可达20%（基于美国标准）。目前，中国是全球最大的晶体硅光伏太阳能生产基地，但在其他领域的竞争力稍弱。外资的进入会将价值链机会转移至研发阶段。

风力发电产业则涉及涡轮、发展、维护和能源储存四方面。预计到2020年，风力发电将达到3000万千瓦，而该行业的收益率可达25%。但从2009年开始，政府逐渐放缓新增涡轮产能的审批速度。一些部件的生产基本上由本土企业包揽，但是核心技术仍掌握在外资竞争者手中。

生物能源则被广泛应用于电力、热力、燃料（乙醇、柴油、丁醇）等领域。目前生物柴油规模已达1300万吨，乙醇燃料达6560万吨。中国政府计划扩大这两方面的产能。此外，外资企业也与中粮集团和中石化集团进行了很好的合作。

在能源利用方面，绿色建筑选用先进外装，充分整合能源，选用环保设备，致力于智慧型建筑的建造。目前，绿色建筑产业对外资基本开放，其技术也已处于成熟阶段，巨大的市场也为企业提供了发展空间。但是，绿色建筑对环境的积极效应处于中等水准。

进一步分析，在优化设计方面，绿色建筑涉及试运行和高效运作、整合设计、资源服务及城市可持续规划。建筑材料则锁定本地取材、低耗能材料及可循环材料。从市场规模来看，截至2020年，建筑消耗将占能源消耗的40%，届时的新建筑必须节省65%的能源。2009年，政府已投资2100亿元用于绿色建筑领域；预计5年内，绿色建筑面积将达到22亿平方米，政府总投资达

1.5 万亿元。由此可看出该市场发展空间非常可观。

清洁水源方面，中国对外资的市场开放处于中等水准，其技术也已经发展成熟，但是市场规模较小，对环境的影响效应不是很大。

水源安全已经成为政府最为关心的民生问题之一。中国政府计划截至 2020 年，单位 GDP 所消耗的水源减少 60%。在"十一五"期间，政府为此投资了将近 1 万亿元。外资企业正在中国建立水源管理方面的合资公司，但最高持股比例仅为 50%。对外资水务服务公司而言，盈利率会达到 25%。具体而言，水源处理包括脱盐、分离，污水处理则涉及一级、二级和三级处理方案，淤泥处理和分离、监测方案。目前来看，水源管理、咨询、进口设备的销售是这一市场的主要业务。

挑战与应对

可再生能源、绿色建筑和清洁水源的巨大市场为外资提供了良好的发展土壤，但是我们也须认识到挑战，从而把握市场机会。

在可再生能源领域，政府对本土企业的支持不容小觑，复杂的电力分送网络与融资、准入规则也为外资带来一定难度。然而，若能与供应商、政府建立起更为紧密的合作关系，以增强标准化和更佳的实践分享，同时创新财务机制（例如签订建设前资源购买协议），则能把握好可观的市场机会。

在绿色建筑领域，挑战也无处不在。原材料和技术业已成熟，但是本土企业欠缺设计和建设经验。此外，开发商、终端用户和能源供给商之间的利润逐步减少，解决方案或技术的供给和分配仍然有限，效用网络的整合很有限，内地市场的主要产品仍集中在材料（节能玻璃、绝缘墙）和照明设备（LED）领域。然而，跨价值链的多方合作可以减少循环周期、降低成本。此外，为供应商和施工方开发创新的绿色金融产品，发展和优化绿色建筑的建筑配件标准等，都不失为好的选择。

在清洁水源领域，水务市场的欠发达限制了企业解决方案的商业化进程；对中国的水务环境了解不够深入、金融投资的基础不够阻止了外资的发展。然而，如果海外企业可根据中国市场不断进行本土化、改善水利建设的投资实践，同时，为公共和个体融资人、方案提供商和运营商的价值链合作关系提供支持，那么其发展前景也指日可待。

（本文写于 2011 年 3 月）

重新审视中国于
全球价值链中的地位及其机会

自 2007 年开始的金融危机的最坏时期看似已经过去，复苏的迹象正在全球涌现。摩根大通全球采购经理人综合指数（Purchase Management Index，PMI）从 2009 年 9 月份的 53 上升至 54.4，达到了自 2004 年 7 月以来的最高值。同时据中国国家统计局调查资料显示：2009 年第一季度全国企业景气指数为 105.6，与上季度相比回落 1.4 点，降幅明显收窄；国内各个行业出现变化。预计中国政府制定的 2009 年 GDP 增长率保 8% 的目标是可以实现的。

这场金融危机，引发了人们对经济模式的深层次思考，人们认识到完全自由放任的市场经济并不是万能的，美国的监管比较薄弱是此次危机的重要原因。人们开始关注中国经济模式中政府的积极作用。而中国政府在经济的复苏中亦发挥了重要作用。在政府一系列积极的财政政策作用下，中国经济很快出现回暖迹象。

中国已经逐渐参与经济全球化的进程，在金融危机的背景下中国经济的角色更加重要，世界开始关注中国的一举一动。在新加坡举行的 2009 年亚太经济合作组织（APEC）峰会上，中国备受关注，记者所提出的大部分问题都与中国有关。4 月的伦敦 G20 峰会更被外国媒体视为中国和美国之间的对话。

在这种背景之下，全球企业需要重新认识中国在世界经济中的角色和地位，重新思考在中国的战略和布局，以抓住新的机遇，获得更多成功。

一些公司在中国投入大笔金钱，但目标却非常局限。它们要么只寻求在中国创建低成本制造平台用来制造和向其他国家出口产品，要么只想创建面对中国消费者的销售和分销网络。这些目标可能看起来不错，但是视野狭窄。然而，有一些公司却是全球整合者，我们称之为"单一世界"公司（"one world" companies）。它们将自己的中国业务整合于它们的全球战略之中。换句话说，中国是它们全球战略的核心。这些公司的领导者认识到，中国不单是一个销售市场，亦不单是一个采购中心。随着全球重心东移，企业的整条价值链亦不断东移到中国。于中国研发和制造的产品不单能在中国销售，同时逐渐也能在国际其他市场找到顾客。

中国的商业环境非常复杂，企业成功进入中国没有单一的规则。企业可以从以下几个方面进行思考作为行动的起点。这些都是基于我们多年帮助和观察外资企业成功进入中国的案例，这些问题可以帮助企业形成必要的判断和洞察力。

确认企业所在行业在中国的自由度

对外商而言，中国每个行业的开放程度不同。而这些政策的变化对于企业在中国的发展具有很大影响。预测潜在变化并不容易，但是却很重要。这样当形势向对其有利的方向发展时，公司可以有准备地快速行动。对于一些企业来说，这意味着要与中国政府有关部门保持联系，而且需要对官方战略议程有很强的理解力，这就要有获取政府理念的最可靠信息来源。

把公司的更多价值链转移到中国来

价值链转移是公司供应、分销以及价值创造活动的地理位置的变迁。20 世纪 90 代初，中国是许多跨国企业眼中的廉价加工工厂，劳动密集型制造业利用中国人力成本的优势快速发展。但时至今日，越来越多跨国企业的中国业务已往上游和下游大幅延伸。这种延伸包括了采购、出口和本土销售，已逐步上延到研发和产品开发上（详见图表5）。我们认为，这趋势将随着企业对中国的越发重视而变得更为显著。

事实上，中国的市场梯度多，在需求上跟跨国公司的传统市场也存在着很多的差异。过去，跨国企业把中国的销售重点放在高端客户和一线城市上，因此这些差异所引起的问题并不突出，但随着企业的业务往潜力更大的中低端和四五线城市甚至是农村市场推进，针对本土需求的产品定制及相关研发便对企业在中国的成功非常重要。一些进入中国市场较久并取得优异成绩的跨国企业，如可口可乐公司和宝洁公司等，都十分关注针对本土市场的研发。它们的很多产品，如可口可乐的美汁源果粒橙等都是本土消费者需求和其国际品牌相结合的产物。此外，由于市场成熟

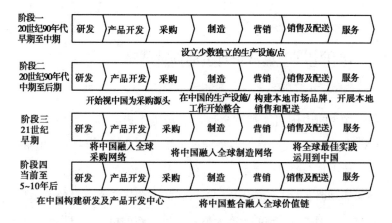

图表5　中国与全球价值链的融合

度相对接近，中国市场的产品设计对亚洲一些新兴市场有一定的借鉴价值。领先企业在中国的研发中心，不少都不仅负责针对中国市场的研发，还为亚太区甚至世界其他地区的产品满足其定制和产品开发的需求负责。

其实，中国在加强全球研发能力的趋势已出现于很多产业，其中包括技术门槛较高的产业，如一直以研发和技术闻名的通用电气，早在 2000 年便在中国上海成立了技术中心。该中心共有 28 个研究实验室，是通用电气全球研发的核心组成部分。通用电气在全世界只有三家具同等规模的跨业务跨领域研究设施，分别位于美国、德国和印度。更重要的是，在中国的研究覆盖了高级物料、纳米技术、清洁能源、激光加工、电化学以及数字制造技术等领先科技，持续支持着通用电气的全球业务发展。从这些企业的经验可以看出，把研发和产品开发融入中国的价值链是跨国企业提升其在中国以及世界的竞争力的重要战略举动。

使在中国的运营整合全球商业战略

如今的中国可能拥有全球商业历史上最大的"利基企业"（Niche Player）机会。能够把握这个机会的公司，会把在中国的运营放入其全球格局之中，作为能力整合网络的一部分。这个网络包括制造、营销和销售、创新、新的商业模式孵化以及人才开发等。中国商业环境的改变为整合提供了新的机会，但是由于原料及人力成本的上涨以及人民币升值，许多以中国作为采购中心和销售中心的公司开始面临压力。因此需要把中国运营和世界其他地区的运营整合在一起，并决定在中国生产的针对中国消费者的产品是否适合在其他国家销售。此外，成功执行全球战略的重要因素之一是总部和中国运营中心之间要保持良好沟通。整合的公司擅长把其中国区变成为全球价值链服务的网络中心，它们在中国的扩张显著扩大了其全球规模并利于其采购，当它们开发来自中国的出口业务时，可以依靠高级的产品设计和来自于其他市场的标准赢得竞争优势。

获得足够的本土知识

现在活跃在中国的大多数公司，专注相对小的领域——只瞄准潜在消费人群的一部分。未来想要获得整个中国市场的公司，需要扩张其范围，增加本土知识。本土知识可以通过从顾问公司购买数据获得，最有用的还是依靠实践经验。许多在中国拥有良好业绩的公司由在中国工作了多年的人进行管理。这些公司不会短期轮派那些不了解当地情况的经理，它们寻求那些拥有全球视野、深谙中国历史文化并懂中国语言的经理。和政府维持良好的关系依然重要，这有利于企业更好地理解政府在其行业的发展策略。企业可以通过帮助政府提升能力的方式与其建立密切联系。

使公司能适应不确定性

由于中国变化速度很快，许多方面还不完善，数据不充分，不大可能全面了解之后再作决策。机会稍纵即逝，拖延太久会令公司丧失产品增长机会，但行动太快也会造成投资浪费。许多跨国公司在中国失败是因为不能或是不愿随机而动。在中国的企业需要那些能快速认识到非线性变化并能在需要时果断出击的经理们。对于更多企业，最佳的办法是凭借经验来权衡机会，尤其是那些第一次来到中国的企业。公司也需要注意知识产权。由于中国目前在打击盗版方面还有待提高，担心知识产权被侵害的公司需要小心对待。尽管存在许多挑战，但如今中国的商业环境变得更易进入和透明了。等待确定性的公司将会发现采取行动过迟。

总之，随着中国本土市场的发展，更多的跨国企业了解到，在中国扩大销售，不仅可以提高销售额，还可以透过中国庞大的销售规模，在生产和采购等方面获得更好的规模效应，从而提升其全球运营的成本优势；而在经营出口业务时，海外市场较优的产品设计标准和最新的趋势也可被应用在国内市场上，为本土销售带来新的竞争力。

我们相信，有效地结合中国"内销＋出口"的"双重角色"，可让企业的内销和出口相得益彰，互惠互利，进而帮助公司在全球包括在中国的发展。那些充分利用中国的双重角色的跨国企业，比其他仅仅视中国为低成本生产基地或低标准销售市场的企业更有可能从中国市场得益。

四年前我就曾写道，在世界上成长最快的经济体，前十年的经验将不会是下一个十年的最佳指导，如今更是如此。世界各地想要成功的企业领袖都需要新的中国战略。

（本文写于 2009 年 12 月）

第二章
战略的思维

战略在于意识和选择

好的企业战略的要求

企业的战略首先是一个发展方向的安排，换句话说，战略也就是帮助企业从今天所在起点走向它所希望的将来位置的一张导航图。然而，在变化越来越快的市场上，即使是最好的战略也不能给企业一个完全确定的路线。所以，一个好的战略其实应该能够给企业多种选择，可以对这些选择做出清晰的权衡，同时也配有相应的应急措施。

制定企业战略是一个系统的工作，一般来说公司在制定战略的时候需要解决好三个方面的问题：在什么地方竞争、怎样竞争以及何时去竞争。在什么地方竞争指你需要着重确立在哪个产品市场的位置；你在哪个细分的产品市场上和你的竞争者相比具备优势，更加吸引你的客户。怎样竞争是指你通过什么途径能够有效地与你的竞争者竞争。何时竞争则是指你的战略的时间设定。通常公司的战略包括三个阶段：短期、中期和长期。短期战略是十分细致和可操作的；长期战略则给公司一个大的方向和一些大致的战略选择。

在了解这三方面问题的基础上，你需要了解环境是怎样发生变化的，这种变化会对你的业务产生怎样的影响；需要仔细考虑市场上客户需求以及技术变化的趋势；了解你的竞争对手有哪些，他们又都在做什么和计划做什么；你要了解你所在的行业的整个价值链可能会发生一些什么变化。

同时，你还要深入了解你自己的组织特性和核心竞争力，了解怎样的核心竞争力才是成功执行你的战略所需要的，了解什么样的竞争优势可以使你比你的竞争对手更加强大。此外，战略制定的时候还要考虑它对公司的投资回报和现金流的影响。最后，同样也很重要的是你需要制订一个清晰的行动计划，明确地把职责进行分配。

战略更多在于选择。每个企业都在一系列限制之下经营。因此，战略其实就是在特定的限制条件下进行选择；战略也意味着在一系列的限制下做出选择。战略一旦制定是要相对稳定的，从而能起到对企业具体业务的指导作用。

一个好的战略往往能够让企业充分利用市场机会，确立自身不可替代和模仿的市场地位。美国西南航空（Southwest Airlines）的案例就清楚地说明了这一点。当时美国的航空业管制正在放松，西南航空意识到一个完全改变游戏规则的机会。那些提供整套完整服务的承运商成本很高，西南航空则发展了一个新的战略，靠建立一个点到点网络来提供低成本服务。这是一个全新的业务模式，而美国的旅行者们也非常喜欢这个模式。今天，在美国和欧洲有很多低成本的承运商在追随着西南航空的模式，但都很难撼动西南航空的市场领导者的地位。

　　战略规划不仅是一个规划过程，更重要的是一种意识。好的战略家能够掌握经营环境的非线性改变，同时能够在多维度上考虑问题，把创意带到战略中，并坚持贯彻落实战略的实施。这些人才实不多见。

　　战略规划还需要和企业运营紧密结合。很多西方公司建立了战略规划部门，这个部门专门从事战略规划，但有时并不能很好地与业务单位相联系。上世纪 70 年代的通用电气就是一个例子，当时它们的战略规划部门为业务部门做了大量的战略报告，但是这些报告的研究过程中没有业务部门的参与，结果整个战略规划的过程是相当低效的。

分析和制定企业的产业发展战略

　　要进行产业战略分析，你需要了解三方面的基本情况：产业结构、竞争行为和业绩。首先，产业结构指行业的集中度，这个行业是高度集中的还是分散的？这个行业有哪些主要竞争者，它们在规模、能力、竞争优势、产品和所提供的服务，以及产权方面都有哪些特点？其次，你需要了解这个行业的竞争行为是怎样的，这些竞争者在激烈竞争还是相互合作？你的竞争对手是谁？他们在哪些方面与你相比有竞争优势？第三，你需要了解这个行业和业内主要厂商的财务状况怎么样。他们在赚钱吗？行业利润是怎样转移和分配的？

　　你的行业战略必须遵循三个原则：削减成本、产品差异化和服务的差异化。在分析你所在的行业和比较你与竞争对手的竞争优势的基础上，你必须决定要追寻的战略是什么。关键在于理解行业发展的趋势，包括市场上可能发生的变化，以及这种变化有可能给公司带来怎样的机会和威胁。同样重要的是，需要真正了解自身的竞争优势，并了解竞争对手有哪些优势；需要知道你的企业在哪些领域内有优势，又该怎样把这些优势转化为利润。

正确的行业分析需要通过大量的第一手和第二手的研究，深入了解这个行业。你需要花很多时间和精力去收集第一手的资料来了解行业的真实状态；你需要全面了解其他竞争者在市场上所采取的行动，并与他们做比较；同时还要了解行业价值链上游下游企业的动向。总之，要做好行业分析必须了解很多数据资源，进行深入的分析和对新的机会和威胁有深刻的见解。

中小企业也要进行战略规划

每个企业都需要战略规划，但不是每个人对战略规划的理解都是一样的。人们常常认为战略规划必须有长篇累牍的报告，或一定就是长期的。在一些公司的确是这样，但不是每个公司的战略规划都要是这样。尤其在中小企业，它们应该做战略规划，但是它们的战略规划不一定非要是长期的或是非常详尽的。

（本文写于 2009 年 9 月）

后视镜里看不到未来

对于许多跨国企业来说，将中国纳入它们的全球战略所能带来的效益显而易见。中国美国商会 2009 年的一份研究显示：1999 年，仅有 13% 的外资企业在华业务利润率高于全球平均水平；而在 2008 年中期，这一比例超过五成。更值得注意的是，许多跨国企业高管认为，在中国已积累了足够的经验，希望在未来不断扩大中国业务。

然而，早在 2005 年，博斯公司就曾撰文指出，在中国这个世界上发展最快的经济体中，过去 10 年中的经验不足以引导未来的 10 年。到了 2010 年，这一论断变得更为现实和紧迫。博斯公司提醒那些希望获得成功的全球商界领袖，需要应对由中国市场的日益复杂、中国新兴竞争对手的成熟、规章及政府惯例的不断变化所组成的新挑战。

"10 亿顾客"的诱惑

中国改革开放后短短 30 年，国内消费者就面对着众多品牌和产品，这是任何一个国家和地区，甚至是日本、欧美等富裕消费市场所不能比拟的。在上海或大连的任何一家便利店中，能发现由可口可乐、百事可乐所生产的西式饮料，由三得利、麒麟所出品的日式软饮料，还有统一企业旗下的台湾风味产品，维他奶等香港品牌，以及中国大陆企业生产的茶饮料、咖啡、豆奶和果汁。中国企业生产出各种国际口味的产品，而许多口味在其他市场中难觅踪迹。

从以农村人口为主到以城市人口为主的转变，几乎影响着中国人生活的方方面面。数百万人正在脱离贫困，而且未来几年中脱贫的人口也许会远远高于过去数十年的总和。从上世纪 90 年代到 2008 年底，中国年零售额从 1000 亿美元猛增至 18365 亿美元，增幅超过 17 倍。中国新兴的中产阶级不会昙花一现，将会长期存在。

这块"拥有 10 多亿消费者的市场"的崛起，一直是跨国企业所盼望的。但事实上，中国市场却远比许多局外者所认识的更复杂。与中国市场成长相伴随的，是异常激烈的竞争和新老产品市场份额的大幅波动。最重要的是，尽管中国市场向国际产品敞开怀抱，但仍保留着源自传统习俗和品味的极度区域化的特点，地区间差异巨大。中国的消费市场代表着自全球商贸开始以来最大的"小众"机遇。

这就意味着，大多数国际商家目前在中国所使用的营销方式，在未来将不再适用。目前，大部分跨国企业的在华营销活动仅在相对较小的地区中开展，定位于一小部分潜在的消费群体。这些国际企业最熟悉的是三大经济圈：以上海为中心的长江三角洲、从香港到广州的珠江三角洲和北京及与其毗邻的天津周边地区。这三个地区的 GDP 总和几乎占到中国半数以上，而人均 GDP

也保持在 5000 美元～6500 美元这一较高水平。但中国其他地区却代表着前景更光明的市场：更快的城市化进程、新的交通运输及通讯纽带、许多城市的人口超过 100 万（见图表 6）。

信息来源：《中国战略：驾驭全球发展最快的经济体》〔2010 年由美国基本出版社（Basic Books）出版〕，谢祖墀著

图表 6　中国目前及未来的新兴城市

　　尽管中产阶级十分庞大，但他们的消费方式却难以预知。一般来说，消费者需要很长时间发展才能培养他们对产品的忠诚度，但中国经济的高速增长却打乱了这一传统模式。对于这些消费史极其有限的消费者，商家很难向其销售产品：他们变化无常、要求苛刻，且通常只根据价格做出购买决定。同时，成长迅速的高端消费群体又有着很高的品牌意识，喜欢通过所购的名牌产品体现其财富。随着市场和品味不断地变化，很难判断中国消费者将以何种方式发展。

中国政策的挑战

中资企业的日渐强大，给其他的国际企业带来了一系列新挑战。而2008年的全球经济危机更强化了它们的地位以及与海外企业间的关系。在未来的5～10年中，将不断涌现规模更大、更为精益、具备更好的竞争能力、能在全球运营业务的新一代中国企业。这也意味着业务模式的一系列变革：从依赖迅速的低成本生产和抄袭式的研发，朝着有效的长期管理方向发展。

尽管这仍需要一段时间，大多数中国企业在管理方法和知识方面也还有欠缺，但实力更强的中国企业已经向着精益化的方向发展，在行业价值链上处于更有利的地位。

面对着这种突如其来的竞争，国际企业需要解决的挑战是如何获得适当的平衡：它们必须定位于在实现收益最大化的同时，将风险降至最低，并保持它们自身的独特优势。实现这一目标的最佳方式，是为中国市场提供度身定制的产品，并辅以其他企业所不能比拟的先进支持和服务。

此外，随着中国经济的迅速成长，企业还将面对的是一系列复杂且不断变化的规章及政府惯例，而这些将决定跨国企业在中国所能取得的成果。从目前看来，整体的政策发展趋势是朝着更小的"所有权限制"（包括外资企业完全控股或部分控股中资子公司）和更高的"产品市场自由度"（即不受政府制约地做出业务决策的能力）的方向继续发展（见图表7）。

当然，也有部分行业正以超出其他行业的速度，经历着更深

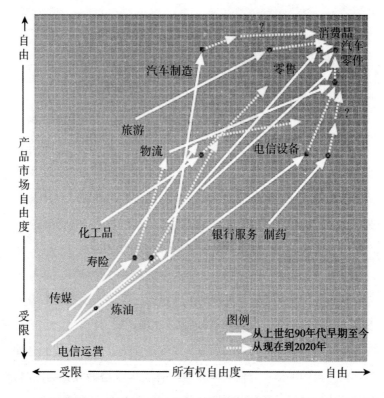

信息来源：《中国战略：驾驭全球发展最快的经济体》〔2010年由美国基本出版社（Basic Books）出版〕，谢祖墀著

图表7　市场开放程度矩阵

一层的自由化。如消费品行业多年来一直拥有高度的所有权自由和产品市场自由，而与之形成鲜明对比的是，电信服务企业则在这两方面不具备任何自由。外资企业在中国汽车制造企业中的持股比例不得超过50%，但对外资企业生产什么车型、如何销售，却少有限制。

　　政府限制方面所发生的变化也可能异常复杂。如自上世纪90

年代初以来，软饮料行业一直对外企开放，罕有政府监管。然而，当2008年可口可乐试图收购中国最大的果汁生产企业汇源果汁时，却遭到来自官方的阻力。2009年，商务部援引新的《反垄断法》拒绝了这一收购邀约（大部分博客和网上论坛中的舆论也对该交易持反对态度）。

要预测这些潜在的变革所造成的影响并不容易。部分行业，其中可能包括电信及传媒业，在一段时间内可能面临更为严格的监管。认识到此类变革可能发生对于企业而言至关重要，只有这样，当事件朝着有利于自身方向发展时，企业才能迅速采取行动。对部分行业而言，这意味着在北京保留一家办事处，将能与相关主管部门或其他的政府机构保持联系。

（本文写于2010年6月）

跟上中国的脚步

中国投资环境之争的话题归根到底还是源于跨国企业在本土化过程中遇到的问题：它们要么拒绝本土化，要么过度本土化。

2010 年 12 月 1 日起，中国开始对内外资企业统一征收个人城市维护建设税和教育费附加，标志着外资企业在中国内地长期享有的所谓"超国民待遇"进一步终结。中国的投资环境是不是变得越来越糟糕了？

在过去的半年多里，众多跨国公司的 CEO 们让这个话题充斥于各种场合。这些跨国公司高管举出各种各样的例子来佐证，同时，对跨国公司"质量门"、"贿赂门"等事件的讨论逐渐将"中国投资环境恶化"之论引到了风口浪尖之处。

是外企在中国真的遭遇困局，还是中国投资环境日趋成熟所致？各方论调的博弈值得我们深思与探讨。

跨国公司 CEO 们对中国投资环境变化的争论主要表现在这样五个方面——劳动力成本之争、知识产权保护之争、监管环境之争、政府采购之争以及相关政策优惠结束之争等等。

争论的背后是中国本土企业崛起和中国本土市场的日趋成熟。事实上，中国的投资环境并不是恶化，目前的情况是中国在全球经济再平衡与结构调整的背景下，结合自身产业结构调整和转型的必然选择。因此，中国调整引资政策，取消外资"超国民待遇"是全球大势所趋。

那么跨国公司如何跟上中国的脚步呢？

面对这种突如其来的中国竞争，国际企业需要解决的挑战是如何获得适当的平衡：它们必须定位于在实现收益最大化的同时，将风险降至最低，并保持它们自身的独特优势。实现这一目标的最佳方式，是为中国市场提供度身定制的产品，并辅以其他企业所不能比拟的先进支持和服务。

当然，摆在外资面前的更多是低碳和高新技术产业的机遇。博斯公司与上海美国商会针对 1500 家在华外资企业的调查显示，大多数外资企业仍然选择继续向中国内地进行产业转移。调查表明，外资企业之所以继续看好中国，首要原因在于中国巨大的国内市场，其次是中国的规模经济优势。

劳动力成本并不是产业转移的唯一衡量准则。市场驱动也是跨国公司投资的主要考量之一。这种情况下，国内中西部这样一些地区的优势和作用会逐步增强。从这个角度来说，中国目前吸引跨国公司投资，在承接产业转移过程中，并不是仅仅依靠劳动力的优势，还有经济的长期成长性。

与过去大量转移低端制造业不同，最新调查显示，随着国际新兴战略产业的兴起，以绿色、智能、可持续发展为特征的新一轮技术革命和产业革命正在孕育，国外向中国产业转移的重点也发生了变化，不再是低端制造业，而是包括区域研发中心、高端制造业以及为这两者服务的现代服务业等在内的"三大重点"。这三大转移重点反映了发达国家产业升级、优化增长方式的重要方向，也将成为未来中国参与国际产业链分工的承接方向。

　　为了应对中国挑战，部分跨国企业正在反思其业务方式。真正能把握机遇的公司，是那些在全球的大环境下，将在华业务的开展融入其制造、市场营销、销售、创新、新业务模式培养和人才完善的综合能力中的企业。这一点也正是中国挑战的第四大要素：企业必须改变其对中国的看法。

　　这就意味着，跨国企业需要将其全球业务中的某些核心要素，包括曾经由总部负责的核心业务，转移至中国，如IBM、通用汽车和三星已经选择了这条道路。

　　希望在中国大显身手的跨国企业还需要更深入地掌握中国本土市场及政府工作重点等方面的相关知识。最后，建立以中国为中心的人才战略，尤其是针对高管层面而言，至关重要。

　　此外，跨国企业还要虚心学习中国的历史文化，不能把中国作为一个简单的市场来看待。中国是历史悠久的文明古国，对于欲于中国成功的跨国企业来说，应该首先读好中国这本书，然后方可悟出于中国成功的经营之道。

　　中国投资环境之争的话题归根到底还是源于跨国企业在本土化过程中遇到的问题：它们要么拒绝本土化，要么过度本土化。跨国企业只有在这两者间找到平衡，找到适合企业发展的方向，方可在中国市场上大显身手。

（本文写于2010年12月）

逆境高增长的秘密

每一家公司都同时运转着两种管理结构——硬管理是以"事"为中心，以达成组织绩效为目的，依靠职责体系、规章制度、行政法纪，进行程式化、有序化的强制管理；软管理以"人"为中心，以激发、调动员工主观能动性为目的，依据员工的思想、特性，用组织共同的价值与文化理念、精神氛围进行人性化、人格化的柔性管理。

"用工荒"、富士康事件的出现，促使有些企业放弃了多年的管理规章，开始重新审视软性管理的必要性和可操作性。

重新审视战略

那些长期保持高业绩水平的企业，已经学会了如何在保持和完善硬性治理结构的同时动员及利用软性管理功能，实现两者的有机协调。我的同事，博斯公司纽约办事处的高级合伙人乔·卡岑巴赫（Jon Katzenbach）先生是这方面的专家，他对于美国罐头汤生产商金宝汤公司（Campbell Soup Company）旗下的 Stock Pot 公司运用软硬相结合的管理模式从而扭转了颓势的案例做了深入的分析，值得参考。

Stock Pot 的总经理埃德·卡罗兰（Ed Carolan）三年前刚上任时，就遭遇了销售疲软、员工士气涣散的问题。然而，在卡罗兰到任后的第一年里，Stock Pot 的盈利率便止跌回稳。在 2008 年9 月全球经济衰退期间，Stock Pot 却逆势上扬，取得了利润增长50％的骄人业绩，Stock Pot 工厂的综合效率提高了 23％，员工的敬业度得分也增加了 14％。要知道，在市场萧条时期工厂的综合效率往往是最难改善的指标之一，即使付出了巨大的努力有所改善，其提高的比例通常也只是百分之零点几。

在卡罗兰团队最初所面对的问题中，它们的首要任务是重新审视公司战略。这具体到 Stock Pot 的定位。Stock Pot 汤料一直被人们认为是一种高品质汤料。不过，卡罗兰团队认为，Stock Pot 的汤料在消费者心目中还应该是一种品质上乘的居家美味。事实证明，这是一种非常明智的战略——自 2008 年年底开始，经济危机中的人们荷包羞涩，它们尽量不去饭店，而是走进超市选购一些可以在家吃的半成品。Stock Pot 的定位调整正好满足了这种消费者需求的变化，并促使 Stock Pot 的经营方式作出重大变革——进入世界级的百货零售商。这意味着 Stock Pot 要满足这类零售商的各种苛刻要求，例如提供富有竞争力的成本、高品质的产品以及一流的服务。

绝不让"雷锋"吃亏

如果把员工比作木桶的每片木板，木桶能否装足够多的水，木板间的紧密度是决定性因素之一。那么加强木板之间的紧密度，就需要"企业文化与价值观念"这一黏合剂。这就引出了"共享价值观"这个概念，也就是说企业的核心价值观必须得到组织中所有成员的内在认同。

绝大多数人都渴望被信任，并希望能尽情地放手一搏，有所成就与贡献。只要组织有效激励员工的自尊心与荣誉感，员工自然会竭诚以报，这也是宝洁（P&G）员工主动积极的主因。宝洁在厚植信任与内在激励方面，一向不遗余力，且有显著的效果。当员工对组织及团队成员有信任感，并相信自己会受到公平对待时，就会促使他们全力投入工作。此外，信任也代表可以在没有恐惧的情况下开诚布公，异议可以公开表达，员工能够坦白说出真心话。以此为基础，员工才有可能针对棘手问题进行开放性的全面讨论，化个人的不满为具体的建设性建议，创造出多元化而不相互冲突的工作环境，并形成高效的合作网络。

国内公司也不乏此方面的楷模，华为公司就是个典型。它提出："在顾客、员工与合作者之间结成利益共同体。努力探索按生产要素分配的内部动力机制。我们绝不让'雷锋'吃亏，奉献者定当得到合理的回报。"通过使用"雷锋"这个传统的榜样，一方面强调了工作中的主动性和积极性，另一方面，又强调物质回报，巧妙地用共享型价值观改造了传统价值观，沟通效果非常好。

Stock Pot 的卡罗兰团队通过召开圆桌谈论会议整理列出了价值观清单，然后让员工对自己认为最为重要的价值观进行投票。这种广泛参与的方式使得 Stock Pot 的员工充分感受到他们的意见和感受受到了重视。与由领导者创建价值观清单相比，这种方式让员工对价值观产生了更强烈的主人翁感。

给平衡积分卡"瘦身"

在确立价值观之后，卡罗兰团队制定了一个仅由几个基本要素组成的简单明了的战略。对于每一个战略要素，他们都只确定了一至两个度量指标来追踪业绩。例如供应链，这通常需要依靠许多难以解读的度量指标来进行管理，但卡罗兰却只用了两个指标：客户服务和每天生产的汤料磅数（磅/天）。

由于 Stock Pot 日益重视大型零售商，客户服务指标战略的重要性就显得非常突出。Stock Pot 拥有服务好客户的能力，也是员工们引以为豪的源泉。卡罗兰将"客户服务"指标与"自豪感"关联起来，并通过"客户服务"指标来强化精神力量，从而帮助 Stock Pot 实现换班、效率提高和优良品质保证之间的良好协调。

指标"磅/天"也是卡罗兰精心挑选出来的。最初卡罗兰团队将重点放在"磅/工作小时"上，这是衡量每一工作小时工厂生产多少磅汤料的标准指标。但他们很快就发现这个指标对于团队毫无意义，因为它无法确定单个团队成员要怎样表现才能让指标值发生改变。更糟糕的是，"磅/工作小时"作为指标可能会导致管理者通过简单地降低工作时间来提高指标值。

因此，卡罗兰团队最终将指标改成"磅/天"。"人人都在处理产品——从准备、灌装、包装到发运，"卡罗兰说道，"这一指标看得见、摸得着，能促进员工之间的相互配合与协调。指标'磅/天'意味着所有班组都要工作并且相互帮助，以实现日产量最大化。如今每一个人都觉得自己与指标'磅/天'的大小有关，都觉得自己是努力推动指标值创新高的一分子。"卡罗兰非常谨慎，尽量不增添太多的指标。"你只需要少数几个指标来确定重点。在一堆细化的记分卡中，当每一个度量指标都有指标分项的时候，就很难确保每一个人都站在真正重要的指标一边。最终获胜的团队往往是那些指标清单短但是指标最为重要的团队。尽管如此，你仍需要确定足够的指标以覆盖到那些对企业和员工来说都非常重要的方面。因此，只有建立一个平衡的指标集，才可能让所有人都能从中至少找到一个真正可以激励他们的指标。"他在度量指标方面所遵循的另一个原则是：指标信息必须显而易见、明确。当然他也会出于某一短期目标而采用特别的度量指标，但他在采用这些指标时也会像采用正式指标一样经过深思熟虑。"例如，在我们同大型零售商谈判时，成本因素就变得非常重要。我在员工当中试用了'分/磅'指标，但很难让他们在不小心洒溢一些汤料或掉落某个原料时在意所损失的每一分钱。于是我跟他们反复强调，这一指标的得分对我们是否能够赢取客户的业务订单有很大的影响。当员工懂得，我们能够因为节省几分钱而获得具有竞争力的价格优势，从而赢得一单大买卖时，他们就会给予更多的关注。"这样一来，卡罗兰不仅将团队的自豪感与赢取客户、增加产量关联起来，而且还与软性管理的各项人性要素关联起来。

在这些成功案例中，我们可以看到，管理既不能全盘皆"硬"，也不可全盘皆"软"，而要通过软性调节方式完成度量指标的改善，并且激励员工努力实现共同的业绩目标。

（本文写于 2010 年 8 月）

从价值链末端寻求新突破

目前国内的一些制造业厂商，很多已经有了一些客户至上的意识，努力在满足客户需求方面下工夫，但常常苦于不知如何在满足客户需求和成本控制之间寻求最佳平衡点。我认为，向价值链下游转移，将制造业一定程度地"服务化"，不失为一种好方法。

我们所指的制造业服务化，是指制造业企业为客户提供各种咨询、培训、安装、维修、运输等售后服务，并将这些服务从免费改为收费。这种做法能够帮助企业将收益"可持续化"，不需要太多的投入，即能收到良好的效果。由制造商们提供服务，在完成产品价值创造的同时，创造出新的价值，已经成为很多企业战略扩张的有效手段。比如著名电梯生产企业奥的斯（Otis）、日立（Hitachi）、三菱（Mitsubishi），在电梯维修、保养服务方面的收入占其总收入比例近 2/3。虽然这些企业在生产制造环节的利润有限，但是它们却从售后服务中获得了可观的利润。

服务渠道至关重要

在企业价值链所包括的"研发→采购→生产→营销→销售→

服务"众多环节中，服务是企业价值链上最靠近消费者的一环，对提高客户的满意度、培养客户的忠诚度至关重要。通过服务环节，可以让公司的产品增值，消费者实现价值最大化。许多营销从业人员都深有感触，营销不但要建立产品流通渠道、信息渠道，还要建立服务渠道，也就是说，产品渠道建到哪里，服务渠道就要建到哪里。服务与终端销售网络离得有多近、服务网络有多密集、服务半径是否呈逐步缩小的趋势，对于企业长久发展具有重要意义。

虽然有些企业已经在致力于整合销售渠道与服务渠道，但更多的企业早已突破这一限制，正在努力建设专业的服务渠道，米其林（Michelin）就是一个典型例子。把服务视为销售新动力可谓米其林的发展策略之一。近年来，中国汽车销量的增长引发了汽车售后服务市场的井喷式发展，然而，差异化的市场环境及消费者日趋成熟的需求，让整个市场呈现出多元与多变的特征。随着产品销售渠道越来越多，服务的缺失将使产品竞争沦为单纯的价格竞争。米其林意识到销售渠道逐步拓宽将使仅仅售卖轮胎产品变得毫无价格优势，但如果用专业的服务提高产品的附加值，自己就有了差异化的竞争优势。

建立客户中心制

具体来看，对于制造业企业的服务化，不妨从建立客户中心制的企业机制开始。比如，企业可以从原先以单纯的产品吸引客户，升级为用解决方案吸引客户；从现货供应改为为客户定制产品或服务，按照客户的特殊需求为客户制订一套专门的产品方案，并附以详细的咨询和建议。

事实证明，绝大部分的客户企业愿意慷慨解囊为解决方案埋单。比如2005年，联想专门针对中小企业客户推出了"扬天"系列电脑，这款电脑拥有"二代身份证登陆"、"全球首款系统自修复电脑"和"全国首款硬盘防震电脑"等二十项专利技术。为了更好地推广这款电脑，联想还针对目标消费者——中小企业的需求发布了"成长计划"，从产品、渠道、服务等环节为中小企业提供"全价值链的解决方案"。除此之外，联想还通过5000多家店面和2000多家经销商，开展IT咨询师计划、CEO特训营等培训项目。这种产品服务措施，帮助联想建立了在中小企业市场上的竞争优势。

在我看来，随着制造业产品同质化竞争日益加剧，制造商们可以在设计盈利点时，跳出原来的制造和销售环节，积极拓展下游业务，利用增值业务获取更多利润。如果能够成功建立下游业务，不但可以获取利润，也将有助于增加企业产品的竞争优势。因此，我们建议实力雄厚的中国制造业企业，不妨尝试着向服务化方向迈进，一定会有所斩获。

（本文写于2010年7月）

"本土冠军"崛起之道

在中国消费者的生活中，从吃穿到使用，跨国品牌无处不在。为在 GDP 年增速 10% 的市场中分得一杯羹，这些跨国巨头都在使出浑身解数。然而，近来这些跨国巨头开始无暇顾及相互之间的竞争比拼，不得不应对来自新兴本土企业的市场抢夺和猛烈攻势。

红罐王老吉崛起的故事大家已经耳熟能详。2000 年以前，红色罐装的王老吉还只是一个地方品牌，销售区域仅限于广东和浙江南部地区，年销售额仅为 1 亿多元。到 2009 年，160 亿元的销售额让王老吉成为中国家喻户晓的品牌。如今，王老吉在单罐上的销量已经超越可口可乐，成为与可口可乐相提并论的饮料品牌。"王老吉飙红"现象背后的原因是什么？

品类成功的先决条件是符合消费者的认知。20 世纪 50 年代初，王老吉凉茶铺分成两支：在中国大陆，王老吉的品牌归王老吉药业股份有限公司所有；在中国大陆以外的国家和地区，王老吉品牌为王氏后人所注册。加多宝集团经王老吉药业特许，由香港王氏后人提供配方，在中国内地地区独家生产、经营王老吉牌罐装凉茶。将凉茶界定为一种新的饮料品类，在消费者心中赋予凉茶一个"合法"身份，是王老吉在建立消费者认知上的一个突破；让凉茶符合饮料的基本特性（如口感），是顺应消费者需求的另一个创新。

既然是饮料，王老吉有什么特别的理由让消费者产生购买欲望？我们在研究中发现，广东的消费者主要在烧烤、登山等场合饮用红罐王老吉，因为"吃烧烤容易上火，喝一罐先预防一下"。"预防上火"的定位让王老吉找到了可以让全国消费者接受的理由，同时也打开了它的认知之门。围绕清晰的品牌定位，王老吉以"怕上火，喝王老吉"的推广主题迅速开展广告攻略。为更好地唤起消费者的需求，电视广告选用了消费者认为"最易上火"的五个场景：吃火锅、通宵看球、吃油炸食品、烧烤和夏日阳光浴。广告画面中人们在开心享受上述活动的同时，纷纷畅饮红罐王老吉。除强调传统渠道的 POP 广告（售卖场所广告）外，王老吉还配合餐饮新渠道的开拓，为餐饮渠道设计、布置了大量终端物料。

在销售渠道上，王老吉大胆创新。细心的人会发现，每个一、二线城市的商场、超市、杂货店都可以看到王老吉。据说王老吉的终端建设工作非常细致，例如，每一名业务人员每天必须在终端店张贴 POP 宣传画 60~70 张。

当然，王老吉在包装设计、危机公关、团队建设、费用管理等方面也有出色之笔。众多环节的精彩表现，使偏安广东 100 多年的广东凉茶走向了全国市场。在特定时期的市场环境中，普通中小企业赚得盆满钵满并不新鲜。而当市场进入成熟的白热化竞争时，抢在竞争对手前将产品的不可替代性告诉消费者，就是成功的关键。

在中国市场上，安踏、361°、李宁、匹克、特步正与阿迪达斯和耐克等国际品牌正面交锋；中国最大的纸巾生产商恒安和维达是国际巨头宝洁和金佰利（Kimberly – Clark）的强劲竞争对手；娃哈哈、伊利和蒙牛这样的厂商也成为市场主流力量；天语、海尔、TCL在中国的名气甚至可与世界顶尖手机、家电和消费电子制造商相媲美。新兴品牌的不断涌现无疑会造成市场的高度分散格局，对跨国集团而言，中国本土企业已经成为它们的强劲竞争对手。跨国巨头需要学习"本土冠军"的反应速度、学习能力及风险耐受度等来重新制定战略。

（本文写于 2011 年 6 月）

制造业升级解决方案

中国制造业近年来飞速发展，并取得不俗的成绩，然而也因创新不足、利润率低下、粗放式增长等问题，始终处于全球产业链的末端环节。自2008年经济危机以来，因为土地成本上升、劳动力成本上升、能源原材料价格上涨等系列问题，更是引发了中国制造业亟须转型升级的激烈探讨。

笔者认为，中国制造业企业只有在价值链上向高端转移，增强创新能力、设计能力，打造自主品牌，不断提高客户群体差异性，并积极应对更复杂的客户需求，才能摆脱低价值创造能力的困境。

建立共享信息平台

中国目前虽然是制造业大国，却算不上制造业强国，比如在制造业信息共享方面，中国与那些制造业强国之间还存在着一定的差距，因此，制造业信息化是中国制造业需要面对的下一个挑战。目前国内不同行业、不同规模的企业信息化建设状况差距很大，石化、钢铁、汽车等行业集中度高的企业，其信息化建设较好，一些企业已基本具备了与国际同行接近的信息化水平。而其他比如纺织、轻工等行业，信息化建设水平较低。

制造业信息化的方向是通过搭建第三方服务平台，比如成立大规模的行业协会，从而增强企业间的协同制造能力，改进或提升制造业企业的采购、销售、服务方式，并帮助制造业企业全面提升采购、销售的速度，加快企业资金的周转速度，确保企业的有限资金实现效益最大化。同时，这种信息平台还有助于实现对客户服务请求的快速反应，从而大大降低企业的采购成本、销售成本和服务成本。而中国制造业行业协会的数量和规模都偏小，多半为地域性的、行业间的协会，缺乏一个跨地域、跨行业的，能为所有制造业企业提供上下游信息的公共平台，来帮助制造业企业的未来发展和决策支持。

往价值链上游转移

对现代产业价值链的研究表明，产业链利润呈现一个"V"字形曲线。曲线的两头，一头是研发、设计，另一头是销售、服务，中间是加工和制造。一般而言，处在两头的产业利润率在20%～25%之间，而处在中间的加工生产产业的利润率只有5%。制造业在中国是竞争最充分的行业，企业要想获取竞争优势、创造新的利润点，就必须关注整个价值链。

中国制造业企业已经太长时间沉迷在低成本的陷阱中，总是习惯于把低成本当作竞争的不二法宝。一直到目前，生产技术特别是关键技术主要依靠国外的状况仍未从根本上改变，企业自主开发能力仍较薄弱。但在国内企业中有一个成功通过研发环节获取更大利润的企业案例不得不提，就是近年来异军突起的手机制造商天宇朗通。众所周知，这是一家靠模仿起家的"山寨企业"。但是在国内的手机市场站稳脚跟之后，天宇朗通并未满足于此，而是开始将重心转向价值链的研发环节，开始投资 3G 产品，着眼于中国电信产业的下一个发展阶段。在最近与一家领先的 CD-MA 无线技术供应商美国高通（Qualcomm）公司签署协议之后，天宇朗通将能够发展、制造并销售广受欢迎的 K‑Touch 系列产品，迎接即将到来的 3G 网络时代。可以预见，天宇朗通的这种价值链转移，将帮助其抢占更多市场份额，并获取到更高的利润率。

除了研发环节，价值链上的营销和服务环节也是价值链上的高利润环节，海尔就认识到了这点。在白色家电利润薄如刀片的背景下，海尔放弃收购美国通用电气的家电业务，并准备逐渐外包大部分生产业务，以削减成本，从制造型企业转型为营销型企业。因为它意识到，家电行业价值链上利润最丰厚的环节在营销环节。

低成本优势虽然曾经给中国制造业带来了前所未有的发展机遇，但未来中国制造业增长的源泉将是那些位于价值链上游的公司。而要成为价值链上游企业的一员，国内的制造商们必须把握住新兴市场的机遇，通过创新形成竞争优势、建立人才战略，并最终建立高效的全球价值链。

优秀民族品牌的崛起

作为"世界工厂"，中国制造业目前面临的另一问题是优秀国际品牌的缺失。由于实行了多年的计划经济体制，中国制造业企业的品牌意识普遍淡薄，一些为跨国公司做代工的企业，更是不注意培育自身品牌。与近年来的快速成长相比，在塑造品牌特别是打造世界级品牌上，中国制造业企业一直存在明显的缺陷。优质品牌资源缺失在相当程度上制约了中国制造业企业提高产品的附加值、产品升级换代与走向国际市场。一些知名的制造业企业，如宝钢、上汽的海外收入都没有超过30%。

当然，要想成为国际品牌，提升创新能力也是中国制造业企业必经的一道门槛。不少企业的"创新"依旧停留在模仿阶段。随着中国公司开始向价值链上游发展，它们将更依赖于创新，而不是一味模仿。另一方面，尽管不少企业渴望创新也重视创新，可是对于大部分中国企业而言，创新很大程度来自领导层的愿景和信念。那些世界领先的创新企业，不但拥有重视创新的领导者，还将创新内化到企业机制体系之中，将创新渗透进企业文化以及各位员工的价值观里。换言之，创新不再单单是一个流程或一个事业部，而是企业 DNA 里的核心组成部分。

抢占绿色制造先机

绿色制造（Green Manufacturing，GM）的概念于 1996 年由美国制造工程师学会（SME）率先提出。绿色制造关注的问题主要涉及三个领域：一是制造领域，强调在产品的整个生命周期的每一个阶段并行、全面地考虑资源因素和环境因素；二是环境保护领域，绿色制造强调生产制造过程的"绿色性"，这意味着它不仅要求对环境的负影响最小，而且要达到保护环境的目的；三是资源优化利用领域，绿色制造对输入制造系统的一切资源的利用达到最大化。

很多有识之士已经指出，制造业未来的发展趋势将是节能与新能源、高技术产业占主导地位。可以预见，绿色经济是未来经济发展的大势所趋，而节能则是绿色经济的重中之重。当前全球正处于传统产业与节能和新能源产业"赛跑"之时，中国制造业企业也需要在节能与高技术方面下工夫，抢占绿色制造先机，以推动产业升级和结构调整。

要应对国际绿色规范，又要应对成本上升压力，还要兼顾生产效率、客户满意度等一系列的问题，中国制造业企业可以从打造绿色制造供应链的角度来着手，对上下游供应链环节做有效的整合，从整个供应链的角度来确保"绿色制造"的实现，并降低成本，争取在当前的市场竞争环境下让企业相关供应链的运作效率达到最高。打造绿色供应链能够帮助企业在变幻的竞争环境中保持持续竞争能力。未来，中国制造业的"绿色"相关技术会更多，值得中国企业更多地关注。

制造业服务化

现在国内的一些制造业厂商，很多已经有了一些"客户至上"的意识，努力在满足客户需求方面下工夫，但常常苦于不知在如何满足客户需求和成本控制之间寻求最佳平衡点。笔者认为，向价值链下游转移，将制造业一定程度地"服务化"，不失为一种好方法。

我们所指的制造业服务化，是指制造业企业为客户提供各种咨询、培训、安装、维修、运输等售后服务，并将这些服务从免费改为收费。这种做法能够帮助企业将收益"可持续化"，不需要太多的投入，又能收到良好的效果。由制造商们提供服务，在完成产品价值创造的同时，创造出新的价值，已经成为很多企业战略扩张的有效手段。虽然这些企业在生产制造环节的利润有限，但是它们却从售后服务中获得了可观的利润。

制造业由传统模式向高级制造业转型，是一个艰苦但必经的阶段。中国制造业企业必须脱胎换骨，从根本上进行改变。要打造新的核心竞争力，在价值链上争取更有利的地位，持续创新，甚至创造新的市场领域、新的价值链，成为国际上的"龙头老大"企业。中国制造企业能否做到这一点，就要看它们是否具有足够的意识、能力和下苦功的决心。

（本文写于 2010 年 4 月）

你的企业愿意承担多少风险

面对高度不确定的外部环境，企业的投资行为过于激进或过于保守都不是良策。根据业务组合和风险容忍度等因素明确定义自身的风险偏好，采用包括风险偏好架构在内的风险管理新战略，可以让企业在风险来临时从容应对。

让我们先来看一下两家银行在信贷危机的余波中所上演的一出"双行记"。这两家银行均是知名的大型多元化金融机构（在此隐去名称），在危机初期，均受到了猛烈的冲击，当时人们认为这两家银行都不能生存下去。在努力重建业务的过程中，两家银行采取了完全不同的方式应对风险。

我们暂且称一家为"谨慎型银行"，另一家为"勇猛型银行"。谨慎型银行的领导人紧缩银根，大幅削减新增贷款，制定了很高的储备金要求，并试图预测未来的监管政策趋势。最初，该银行因其负责任且谨慎的行为而获得如潮般的赞誉，以至于在一两个月后，当高管团队开始鼓励承担更多的风险时，各交易人员均予以抵制。"勇猛型银行"的领导人则采取了相反的措施。尽管面临危机，他们却选择从一开始就承担更多的风险。他们设定了远大的贷款及盈利目标，并鼓励交易人员继续寻找高回报的投资。

两家银行所获得的成果截然不同。"谨慎型银行"季报报亏，其高管私下承认，这主要归咎于胆怯的风险政策。与此同时，"勇猛型银行"却宣布2009年第二季度利润创下新高，并留出大量储备金用于未来的贷款和年底的薪金发放。

"谨慎型银行"是危机后管理层彷徨不定的典型代表，其典型表现是企业政策从一个极端走向另一个极端：起初，过度地承担风险；随后，认识到问题的原因后，骤然紧缩开支。从中可以看出，高管在将风险承受期望与普通员工的态度进行协调时，难度有多大，企业草率地改变其运营方式所带来的竞争压力有多么严峻。这一问题如今在多个行业中都十分普遍。由于对系统风险的错误判断而造成的全球金融体系崩溃，在各地的商界领袖间造成了信心危机，面对外部环境的高度不确定性，很多企业的管理者谨慎为上，却没想到因此错失了许多获得丰厚回报的良机。

缘何骤然谨慎小心会陷入困境呢？这其中的原因在于，采取一种经过深思熟虑而非草率而为的方式去承担风险是极为重要的，无论是企业各自获得成功还是促成整个经济体的良性运转均是如此。例如，企业间的贷款总是包含一定程度的风险，削减贷款额将导致企业陷入困境、减少正当的资本业务并助长通缩。

尽管商界人士和经济学家均认识到了承担风险的重要性，但如今全球经济体中错综复杂的风险，却给许多企业提出了严峻的考验。这些考验不仅在于企业对所承受风险程度的判断，还在于对风险加以监控和管理的管控机制。如果高管团队在战略决策时，并未对风险进行讨论或不向整个企业详细说明相关的期望，那么即使认识到了承担风险的需要，也不会发挥任何作用。

我们需要对企业所应承担的风险采用一种新式的、更为系统的整体定义。简而言之，就是关于企业风险偏好的明确说明。除了研究应该避免多少风险以及如何应对经济衰退外，企业领导人还应该考虑他们希望承担多大的风险，以及他们愿意动用多少资金换取多大的风险收益。在进行交易前，应该在组织范围内对这些考虑进行探讨，并使之明确。由此，交易人员能够明白企业整体的风险偏好，以及各自的交易在整体中所能发挥的作用。

从透明中获益

风险偏好是企业范围内关于日常事务对风险承受程度的说明。它确保所承担的风险与由高管团队及董事会所设定的业务议程相一致。它授权员工从股东及企业的未来出发，在风险和谨慎间做出必要的权衡，并为员工提供所需的支持，以明确它们所从事的工作。

建立并实施一套风险偏好框架，需要从不同角度持续地看待业务。这意味着需要深入研究日常运作，从各业务内部及不同业务间的角度理解市场、信贷、投资、运营及名誉等所有不同类型风险间的相互影响，以及这些风险如何对整体加以影响。这还意味着对已经承受的风险加以监控，在企业及方法间做出权衡，从而将风险控制在最适宜的水平，既不盲目扩大，也不错失机遇。

各行业中的每家企业都应该制定一套明确的风险偏好说明，特别是在当前这种金融动荡和政府监管时期，仅仅建立这一流程就能带来巨大的影响。例如，金融危机后，某国政府不得不对商业银行、保险公司及小型投资银行等许多陷入困境的金融机构进行救助。政府对因重组所收购的金融机构的业务组合而造成的名誉风险非常敏感。鉴于紧张的政治环境，该国政府代表甚至认为这些企业从具有风险的交易中获得巨额的短期利润将是非常危险的。因此，该国政府为这些金融机构设定了统一的风险偏好，并在各事业部中推行。这套风险偏好包括了一系列明确的标准，反映了对收益的期望和对额度的关注。总杠杆率设定在 20 ~ 40 之间，这也迫使某家近期被收购的银行结束一些高杠杆率业务。

设定风险偏好是一种有效的措施，不仅仅是对处于危机时期的金融机构而言如此，对一家跨国化工品企业而言，同样也能获得丰厚的回报。大家通常都知道需要通过推测商品价格的方式，对商品风险进行对冲并保证进料的供应。但是这面临着两个问题：首先，在许多情况下，企业管理层并不知道应该承担多大的风险。考虑到企业的战略目标，哪些风险值得承担这一问题并不明确。其次，有关投机和对冲的决策，通常在某事业部内部做出，并没有以整个企业为出发点对风险进行评估。事业部领导可能认为不能接受某种商品的高价风险，因此对其进行对冲，而事实上，从企业整体的角度，20 个事业部的多元化特性足以抵消这种风险，而不必进行对冲。

同样，一家明确定义了风险偏好的能源公司也从中获益。跨国石油公司的股价通常紧跟油价，但股东并不喜欢收益和股价的波动。因此，石油公司的价值常被低估，而公司领导人则耗费大量精力，试图在面对油价波动时给人留下稳定的印象。事实上，这些公司可以同时向员工和股东明确说明它们对收益波动的偏好，这样就为对冲行动提供了明确的指导原则，提高了股东对波动的容忍度，从而全面地稳定股价。航空公司的财务绩效与油价间也有类似的关联，而这些公司的高管在明确承受底限后能够获益——是每桶75美元还是90美元？事先建立了这一标准，当油价上升或下跌时，管理层和股东便能更好地采取必要的措施。

风险偏好的制定

企业无论是希望更好地处理自身的风险，还是研究某宗收购案，希望了解目标企业的风险与自身风险间将如何相互影响，均可利用五种基本要素，确定企业的风险偏好。

设定风险基线

企业需要将目前的风险，按信贷、市场、投资、运营、名誉进行分类，从财务的角度设定风险基线，以理解整个组织的风险敞口和集中度。如果目前所有措施在可能的最大限度下失效，可承受多大的损失？这一步骤必须在企业内部各事业部的层面上进行，并在企业的层面上理解总的风险和多种利益。

设定风险偏好

这一步骤可以通过一套框架完成，该框架将企业战略转化为一套在很大程度上可以量化的标准，并应用于每个工作人员。这一工作需要设计一系列问题，以梳理企业对所有风险的偏好和承受程度。

企业应该从三个角度，对风险加以评估：

角度一：对风险的整体容忍度。从企业整体的角度，管理层可以自问：整个企业愿意承担多大程度的风险？例如，可以接受多高的杠杆率和多大的收益波动？能够应对多大程度的名誉风险？反之，追求哪些公共名誉？希望怎样的长期信用评级？

角度二：业务组合（判断各项业务的风险和利益）。对某些特定的事业部，管理层可以考虑：该业务应该扩张、收缩还是维持原状？监管和控制力度应该增强、减弱还是维持原状？该业务与其他业务如何相适应？

角度三：对累积的风险敞口和集中度的偏好。管理层可以考虑：对某单一行业的投资的最大承受限度有多大或对某单一投资领域的最大风险敞口有多大？资产类别集中度的最大程度有多大？

评估企业的风险

企业需要结合内部和外部观点，在当前竞争格局的大环境下，评估所承受的风险。例如，某制造商可能发现，尽管其租赁业务保持盈利并处于风险政策之内，但从行业比对的结果来看，所产生的回报并不如意。

进行核算

当企业将目前的风险进行分类并明确其风险偏好后，最好进行一次核算。某些业务将维持原状，而某些业务需要做出改变或者予以剥离；某些业务承担的风险可能太大，而某些业务承担的风险可能不足；或者风险程度达到目标，但回报少得可怜。

跟踪风险偏好

一旦确定，必须定期对风险偏好进行跟踪。管理人员的风险偏好工具可用作追踪日常的运营，确保机构正向目标迈进并且能在必要的时候做出调整。

偏好的适用

即使是上述工作完成，企业的风险偏好得以建立，但由于企业战略并非一成不变，为了应对不断变化的业务及经济情况、新的竞争环境或战略重心的调整，企业的风险偏好也需要与时俱进。企业必须事先做好准备，从容且迅速地做出改变。而这些改变也必须透明、得到共识且处于监控之下，以防止发生混乱。面对风险问题和各自企业的信心水平，许多商界领袖都在挣扎。目前各家企业所面临的动荡不足为奇，即使在经济发展时期也会如此。精心设计风险承受水平，是成功的关键；而那些长期以来过于谨慎的企业有时会发现自己犯下了致命的错误。因此，它们转变为过分地接受风险，然而，它们又感到了惊恐，随之又过度调整。这种在高风险和无风险间的摇摆，使得客户、员工和投资者都对事态的发展如坠云中，无所适从，从而感到疲惫不堪。企业必须采取包括风险偏好架构在内的风险管理新战略，从而做出应对。最终，这些战略将协助企业更好地理解风险、重塑信心并稳定局势。

（本文写于 2010 年 5 月）

聚焦更少　增长更多

典型的"以更多实现增长"战略不但分散了企业的精力，而且增加了企业运营的复杂性。因此我们发现，无论在怎样的经济环境下，"以更少实现增长"都不失为最佳战略。做世界顶级一流大企业是联想从柳传志到杨元庆两代管理者的理想。杨元庆上任伊始，就踌躇满志地为联想勾画了宏伟蓝图，试图通过做 IT 领域内多元化的、技术领先的国际大型企业来实现联想的蜕变。然而由于遭遇纳斯达克股灾，联想重金投入的 FM365、赢时通、新东方网校要么抽身退出，要么不了了之。随着三年规划目标的未能实现，联想不得不反省过去，重新专注核心业务。

现在，从 PC 到多元化、IT 服务，再回归"专注"PC，联想似乎走了一条战略迂回的路径。依照现实情况分析，联想并购 IBM PC 业务部门，是重新回归"专注"的战略重构，而且在 PC 业务上更是加大了"专注"的力度。

从联想的战略回归案例可以看出，在市场发展过程中，很多企业很容易被各种机会所诱惑。它们垂涎于内地市场中的亿万消费者，坚信其产品在中国市场的人均消费潜力还有巨大开发空间。然而，将潜力转化为实际收入和利润，企业首先要思考制定有效的增长模式。

一般来看，增长势必与更多产品、更多种类、更多品牌以及更多市场有关——一切都离不开"更多"。然而，这种典型的"以更多实现增长"战略不但分散了企业的精力，而且增加了企业运营的复杂性。因此我们发现，无论在怎样的经济环境下，"以更少实现增长"都不失为最佳战略。

"更多"与"更少"的PK

"以更多实现增长"意指企业要设定更多目标，准备足够多的资源弹药；而"以更少实现增长"则要求企业去除糟粕，再把仅有的几支"箭"磨利。在增长动力方面，前者努力延伸产品和品牌，扩张市场及细分市场；而后者聚焦品牌、种类、市场，简化流程和人员。在规划和期限方面，两者也大有不同——前者自然规划期限较长，一般历时几年，强调突破性的巨大成功；而后者规划期较短，执行期稍长，强调快速制胜。在领导角色方面，"更多"战略中的领导者是知道答案的预言家，而"更少"战略中的领导者是激发员工去寻找答案的推动者。在流程方面，前者重视分析，强调措辞和数字，会议议程也偏向程序化；而后者重视行动，强调图形和口号，会议议程则较为随意。

发现制胜点

那么如何才能做到"以更少实现增长"及"以聚焦实现增

长"呢？所有大型企业都曾经取得过卓越的增长成就。在力求增长的过程中，第一步就是要发现企业在哪些方面运行良好，以及已经制胜的地方。这些卓越之处有助于企业识别并确定可以实现增长的重点。

要想找出运行良好之处，一种有效的方法就是举行企业最高领导层的研讨会。2007 年，卡夫食品公司（Kraft Foods）的国际业务部门先后在全球 6 处举办了 7 场研讨会，每场研讨会都有差不多 20 位地区业务管理者参加。有意思的是，研讨会不事先透露议程，还安排高层领导者坐在后排，以避免他们影响员工各抒己见。这些研讨会重点关注企业运行良好的方面，避开了运行不佳的方面。此外，为了确保以客户为中心，研讨会还广泛地与消费者和顾客进行交流，了解到了大量有关顾客行为和需求等方面的情况，这远比市场研究来得直接有效。

对于如何召开高层研讨会，其实大有讲究。对于天天在一线与消费者和市场打交道的职员来说，发现业务制胜点并不难，贵在要秉承民主的原则，让决策者能够发现和把握。最重要的是，要发动公司内的主要利益相关者参与发现过程，尤其是那些能够为公司作出重大贡献的、拥有巨大影响力、能够获得大量员工支持的利益相关者。当然，一些重大的深刻见解常常来自于供应商、有创意的人才、中介机构，以及长期与企业共事的咨询顾问。此外，要听取大家的不同意见并积极应对异议。因为随着发现过程的推进以及战略框架和愿景的确立，企业的重点应该从对战略框架的争论转向执行。

聚焦锁定

通常，发现过程能够发掘出一系列关于成功的主题，接下来，企业要将这些主题聚集到一起，并区分优先次序。在摄影时，为了突出目标物体，往往需要配备一个长焦镜头来对焦目标，虚化背景。同样，战略聚焦也需要配备镜头，企业要透过它来审查自己的业务。这种镜头可以是企业擅长生产的产品种类，也可以是表现出色的产品品牌，或者是经营良好的地区市场，以及服务于公司产品和品牌的统一平台。

在聚焦的过程中，每个镜头都会产生好几种可能的增长机会。企业可以按照两个标准来排列这些机会的优先次序——措施的预期影响程度和需付出的努力大小。一旦找到了运行良好的方面，就可以将全部精力集中在它身上，并将其复制到其他市场、产品和品牌上。联合利华（Unilever）从其所举办的研讨会上发现，立顿葡萄牙公司的阿拉伯分部的业绩一向很出色。在对其原因进行深入研究之后，联合利华发现了一个有趣的现象——在这两个市场中，立顿之所以成功，是因为它在种类繁多的饮料市场中开展竞争，而不是将自己局限于茶饮料市场，而且它在努力让产品迎合当地口味上做得非常出色。比如，葡萄牙公司推出的冰茶业务非常成功。尽管阿拉伯国家的气候非常炎热，但是阿拉伯分部推出的红茶业务也成功占领了市场。这种以开阔的思维看待业务而同时又使产品符合当地口味的做法，同样可以推广到立顿的其他市场和产品种类上。

寻找纽带

有了确定的聚焦领域，就需要形成一个引人注目而又简单的企业愿景，也就是企业团结所有力量朝着某个清晰明了的目标努力的战斗口号。在大型企业中，一旦出了企业总部大门，或不在企业高层管理者的圈子之内，了解其业务战略的人往往少之又少。那么，如何让所有员工都了解和支持企业战略呢？企业可以通过设定的愿景来向所有员工和职能部门传达该战略。

为了使愿景醒目并易于理解，我们建议企业设置一个"纽带"。这个"纽带"应当始终保持一致，并在客户可以触及或看到的范围之内。它可以是一种颜色、一个数字、一句短语或一个符号。立顿的愿景是"让立顿将世界涂黄"，这一品牌的特征性颜色象征明亮和阳光，也象征着立顿拥有多种饮料的生产经验，而不仅仅只是一杯茶。

一旦愿景确立，就需要创造一件旨在激发和鼓舞团队斗志、影响重大的事件来将其隆重推出。早前，卡夫邀请其 100 位高层领导者参加在芝加哥韦莱集团大厦举办的一项活动，活动开始是给在各个卡夫细分产品种类上被公认为工作出色的世界各地的卡夫团队颁奖。这种奖赏可以营造积极的正面氛围，灌输乐观进取的"我能"态度，并让员工有如胜者的感觉。

此外，在传达愿景时，图像往往胜过千言万语，也胜过幻灯片。比如，通过简单的图像来描述企业转换历程，就可以有效地传达信息。立顿使用了两张图像来使其品牌内涵的转换变得生动形象————幅奥黛丽·赫本的图像，代表立顿品牌属于经典的、有贵族气派的和矜持的品牌；一幅卡梅隆·迪亚兹的图像，代表立顿明亮、阳光和充满活力的形象。

最后，一旦确立了愿景和战略，并找到了合适的纽带进行层级传达，接下来就是寻找合适的人员来执行。在执行过程中，博斯公司的"融贯溢价"（Coherence Premium）理念可以带来更多指导性建议，即将各方面优势与正确的市场机会相结合，企业战略才能凸显其真正价值。此外，执行过程中还需把握两个原则：明确每个员工的职责；决策要贴近顾客，让相应的责任负责人有更多的工作自由。

（本文写于 2010 年 9 月）

业务规划为何屡屡失准

　　企业在发展遇到瓶颈时，往往会重新审视产品结构，找出关键的制胜领域，重新分配企业资源，以求"以精取胜"。然而，在实现聚焦业务全速发展过程中，"陷阱"重重，稍有不慎就会给企业带来损失，切不可掉以轻心。

尚未解决潜在问题就寻求扩大规模

　　在选择重点市场和产品种类的过程中，企业很容易被各种机会诱惑。大多数大型企业都垂涎于新兴市场的巨大蛋糕，它们坚信一些产品在这些市场中的人均消费量极小，还有巨大的消费潜力未得到开发。然而，为了将潜力转化为实际收入和利润，企业首先要确立一个行之有效的商业模式。也就是说，在扩大企业规模前，企业必须在这些国家和地区拥有分销渠道、供应链、生产制造能力以及合适的产品。卡夫进入中国时也确定了雄心勃勃的目标，但因为其商业模式在中国无效，企业长期处于亏损状态。简单地复制商业模式只会让情况变得更糟。为了解决这个问题，卡夫重新设计了商业模式，将自己的业务与所收购的达能饼干业务进行了整合，并在当地雇用了合适的人才。此后，卡夫在中国的业务才开始增长并赢利。

忽视聚焦领域范围之外的业务

未进入优先名单之列的产品、品牌、种类和市场，往往是企业的业务"尾巴"。多数大型企业都拥有很多种品牌，但往往只有极少数能进入其优先名单。那么企业该怎样处理剩余的品牌呢？简单地割掉这些"尾巴"可能是灾难性的，因为"尾巴"下降的速度往往快于核心业务增长的速度，而且，非核心业务也有一些与核心业务相关联的固定成本。此外，切除和剥离这些非核心业务可能会破坏士气，因为员工往往对某些业务有着较为强烈的感情。

要解决这个问题，企业可以把这些非核心业务分成两类——"挤掉或剥离"类和"本土之星"类。对于这两类业务，企业需要采用完全不同的管理方式。

"挤掉或剥离"类业务包括不能盈利以及没有盈利希望的业务。即使这类业务的负责人反复承诺未来将会好转，那也一定要在明确的期限内将它们剥离出去。新西兰乳品企业恒天然（Fonterra）曾因为在墨西哥和埃及等市场上的业务一度表现欠佳而果断地退出了这些市场，释放了大量可以用来发展核心业务的宝贵资源。

而"本土之星"类是经营很成功的当地业务，企业可以保留这些业务，但应当交由本土管理团队自行管理，而全球团队则关注核心业务的经营管理。在卡夫就有很多这样的"本土之星"，如今都实现了本土化管理，这有助于扩大生产和销售规模。

大幅削减必要的人力物力

在大多数情况下，企业在进行合理化改革和业务整合时，往往会大幅削减成本费用。首当其冲的通常是与人员相关的费用，包括招聘、培训和旅游以及品牌广告费用。然而，人才和品牌却是推动企业增长非常重要的两项资产。因此，我们建议企业增加人才招聘和发展方面的投资，甚至可以走在企业需要的前面，同时还要增加品牌创建和培育方面的投资。实际上，聚焦往往能够释放出大量可以用来投资未来的资源——这样既消除了管理层次，又可以减少经常性管理费用，摒弃全面撒网式的遍及业务，从而节省大量的成本费用。

难以长期专注

一旦确定了战略方针，就应该坚持下去，直至这一战略得以全面的、充分的落实，这一点非常重要。但是我们发现，许多大型企业都患有"企业注意力缺乏症"——它们倾向于每几年就寻求一次新战略，尤其是在领导层发生变动之后。以聚焦实现增长，需要耐心和毅力，根据经验，改革过程耗时可能长达 5 年之久。领导者切勿频繁地寻求战略中的"下一件大事"，为了改变而改变往往只会劳民伤财。

最后，要保持乐观进取的态度，即便企业的确需要面对现实，进行艰难抉择，也要在员工之间保持乐观进取的态度。

（本文写于 2010 年 11 月）

"扬长避短"不是老生常谈

多数管理者都只注重外部市场定位，而忽略了企业内在优势。保证销售增长是他们的头等任务，为此他们不惜大肆进军成功率很低的薄弱市场。他们苦心开拓蓝海，却最终发现无法遨游其中。即便是没有扩张野心的小型企业，也在战略制定方面存在好高骛远的心态，往往无法审视企业的内在优势。

在多数管理者眼里，战略和优势被看做是两个毫不相干的议题。他们认为，战略制定往往是董事们对市场信息进行反馈的老生常谈。在这里，我们并不是建议企业漠视市场信号，毕竟所有的战略制定都是以市场变化为前提的。我们的建议是，企业可以从一个相对立的角度来审视自身真正擅长的领域，然后充分发挥此领域优势（一般为 3~6 项），直到它们相互协调并实现最佳效益。只有将各方面优势与正确的市场机会相结合，企业战略才能凸显其真正价值，而真正价值具体体现在以下几个方面。

加强企业的竞争优势

关注自身优势的企业会持续加强相关能力，如此一来，员工的技能会逐步提高，系统也会随之升级，这促使企业能够一直领先于竞争对手，并实现行业最快增长。

关注重要领域投资

能够制定有机增长决策的企业会不断提高自身能力，同时杜绝浪费。它们将资本、时间以及人才直接投入相关增长性产品、服务和业务中，而不会盲目地在市场大战中过度扩张。

提高效率

当企业将相同的优势资源配置到更大范围的产品和服务中时，会进行更理性的投资并轻易获得增长。

促使战略目标和日常决策制定相互融合

在混乱的市场中，企业会反应敏捷，因为企业中的每个人都深谙优势协调的重要性。

在企业优势推动战略实施的案例中，沃尔玛（Wal-Mart）堪称成功典范。众所周知，沃尔玛的成功在于其卓越的物流管理，然而一两个企业优势并不够——沃尔玛的竞争优势是一个互动体系，这种体系可以促使多项优势相互作用，全方位地降低价值链成本。具体来看，这个零售业巨头的自身优势包括：高效的供应商管理、专业的销售点系统数据分析、卓越的物流和严格的运营资本管理。这四项优势相互促进，以实现"每日低价"战略目标。正是由于其世界顶尖的销售点系统数据分析能力，沃尔玛得以持续追踪当地消费趋势并反馈给供应商，以此与供货商形成共赢关系。此外，这种模式还促使其他管理环节高效运行。沃尔玛销售的每件产品、提供的每项服务都严格遵循其市场定位和优势系统。它不会卖不具备成本优势的大件商品，而我们也不会在纽约第五大道或是巴黎香榭丽舍大街找到沃尔玛商场。

说到这里，我们又不得不提到可口可乐公司。在快速消费品行业里，可口可乐应该是赢利能力最强的公司，它的成功由多方面因素共同促成：产品创新能力、清晰的品牌定位和全球消费趋势的把握。这些看似简单却强有力的优势体系促使可口可乐在全球饮品市场中飞速增长。当然，可口可乐公司也曾涉足自己不擅长的电影业——1982 年，可口可乐以 7.5 亿美元收购哥伦比亚影业（Columbia Pictures），这一度被美国《商业周刊》评为"近十年最大的营销错误"。然而，可口可乐还是执著于将其注意力放在饮品行业，并且从自身优势体系中获利。

这就是各项内在优势相协调所形成的效应。说到底，内在优势（即企业优于竞争对手的能力）究竟是什么呢？这是人力、知识、技术、工具以及方法相互作用的能力。明确了这点以后，企业还要确保公司运营总监、经理以及各级别员工清楚企业为客户创造价值的方式，并确保所有的产品和服务与优势系统相适应。

（本文写于 2010 年 8 月）

绿色采购的战略价值

凯泽永久集团（Kaiser Permanente）是一家总部位于美国加州奥克兰市的综合型医疗提供商。九年前，该集团成立了一个环境管理委员会，将环保型建筑、环保型采购以及环保型运营三个方面视为工作重点。由于该集团每年花费 140 亿美元用于各种产品及服务的采购，并希望开支方式能对企业的价值提供支持，因而将采购作为主要战略方向。事实证明，以环保标准制定采购决策所带来的不仅仅是"拯救地球"，而且还节省了资金。

凯泽永久集团将一次性医疗设备（例如将医疗器械引入血管的套针）替换为供应商可再加工并再次安全使用的设备。这一措施每年替凯泽永久集团节省 200 万美元。其他的措施应用面则更广，例如集团规定，所有台式电脑及笔记本电脑的采购都要遵照电子产品环保评估标准，从而确保能源消耗量以及有害物质使用量被纳入采购决策中。美国国家环境保护局预测，这些电脑的节能效应每年能为凯泽永久集团节省约 400 万美元。

绿色采购的价值众所周知。在过去，很多中国制造企业污染严重，与此同时，国际上对绿色经济的呼声越来越高，前不久的亚洲博鳌论坛也将绿色复苏作为此次论坛的议题。而在此之前，上海美国商会和博斯公司发布了一项制造业竞争力研究报告，结果表明，跨国公司在中国的战略正在转变。鉴于中国所面临的严峻环境问题，3/4 的受访对象表示在中国业务中采用了绿色技术，六成的受访对象预计可以从环保投资中实现运营成本的节省。

而在诸多绿色经济的环节中，绿色采购是企业绿色链条中尤为重要的一环。绿色采购并不是对目前采购运作方式的背离，而是一种延续。在考虑如何权衡原料、服务、供应商及其他问题时，采购部门通常以分析交易的经济效益或交易对客户的影响等方式，对各个方面的价值进行衡量。绿色采购也是出于同样的考虑，只是将某种特定选择对环境的影响考虑在内，这些影响包括某种产品或服务所涉及的交通运输、原料、能源、包装设计以及社会生态的碳足迹。

随着企业越来越多地了解到各种选择对价值链所产生的影响，它们能更好地控制并削减成本。这些就自然而然地构成了绿色采购的诸多益处。但其最显著的益处是，它使得企业能利用对环保问题日益紧密的关注度，吸引客户、激励现有员工并招募新人。还能使企业更有效地应对监管，甚至能对相关措施做出预测。最后，绿色采购使得企业能通过企业社会责任报告表达它们的承诺：根据调研公司 Eye For Procurement 在 2007 年的一份研究报告《绿色采购报告》称，履行企业社会责任是受访企业推行绿色采购倡议的主要原因。

如何融入战略层面尽管对更为环保的操作方式有着迫切需求，并取得了一些最新进展，但对绿色采购的理想实践仍没有明确的定义，而且在确定这些定义的过程中，仍需克服许多障碍。一家大型消费包装品企业的数位高管表示，它们正致力于绿色倡议及可持续性的采购，但难以确定其对日常决策的意义。这是因为，绿色采购仍被视为采购职能的外延，而不是战略采购的一个成熟维度。《绿色采购报告》调查显示，188 家遍及众多行业的受访企业中，只有 31% 的企业积极地从事绿色采购，甚至有些已经推出了绿色采购倡议的企业并没有将该倡议与业务部门、品牌或企业的整体战略联系在一起。

从根本上看来，只有当绿色倡议带来实际价值时才会获得成功，那能为企业带来更好的经济效益，为消费者带来利益，或形成营销优势。时至今日，阐明这种价值非常困难。毕竟，在盈亏方面，绿色采购的成本和收益非常分散，难以量化。在品质方面，只有那些愿意花费更多资金来缓解它们生态顾虑的企业，才会慢慢地接受绿色采购，不再将其视为昂贵的附加品。只有当卖方确凿地证明，相对其他任何一种方案而言，环保型产品或服务的燃料成本更低，产品使用寿命更长，所享受的服务更经济、更愉悦时，客户才会大量采购。

因此，在对待成本的方式、品牌诉求以及对流程的跨职能部门理解这三个方面，绿色采购有着共同点。

对待成本的方式——消除浪费

过去，采购通常寻求削减成本，而非考虑原料及服务的可持续发展。但产品质量和绿色采购的潜在目标却是一致的：消除浪费。在消除浪费的过程中，通过综合考虑总持有成本，采购部门将着眼于价值，而非成本。从质量的角度而言，企业需要摒弃"更好的产品生产成本更高，价格更高"这一思路；而绿色采购则意味着需要摒弃"具有环保品质的产品成本更高"这一理念。以工业用石油制润滑剂和大豆制润滑剂间的权衡为例，如果润滑剂的年采购量在 300 加仑，乍看起来，相对于大豆制润滑剂 3195 美元的价格，石油制润滑剂的价格仅为 1500 美元，显然是更为经济的选择。但是石油制品还有许多隐性成本：每年 300 美元的浪费、2400 美元的溢油管理成本、1000 美元的溢油浪费控制费用。将这些因素计算在内，每年使用石油制品的成本为 5200 美元——这还未考虑使用非再生资源所造成的难以计量的环保成本。而大豆制品则没有这些附加成本，显然是更为经济的选择，更兼环保效应。

此外，通过推动企业不断地关注整条价值链及整体碳足迹，绿色采购能促进全局能效。英国一家研究顾问机构碳信托（Carbon Trust）曾为英国报业出版商三棱镜集团（Trinity Mirror）就如何减轻其出版物的生态影响进行过一次调研。结果证明，仅关注于某个环节将造成隐患。通过研究整条价值链，该机构发现，80% 的碳排放来自于纸张生产环节。如果纸张供应商使用含碳能源生产 50% 的再造纸，那么其实际碳排放量将大于使用水力能源生产 100% 的原木浆纸。因此，碳信托建议，理想的解决方案是从使用低碳能源的供应商处采购含可回收成分高的纸张。

品牌诉求——绿色采购融入品牌特征

福特过去在"质量是首要任务"的广告运动中曾给人在品质方面留下了深刻的印象，如今一些具有远见的企业也致力于使环保看起来实际、新潮。有志于环保的企业需要将绿色采购倡议与品牌特征联系在一起。Clif Bar & Company 是一家生产不含有机添加剂的能量棒的企业，其致力于宣传其健康的户外形象。鉴于这一背景，该公司所推崇的五大志向（实现地球、社区、员工、业务及品牌的持续发展），以及为支持这五大志向所采取的措施也令人信服。这些措施包括：从 Native Energy 旗下的一处由印第安人和农场主所拥有的可再生资源风力电站购买其所使用的能源，所有车辆使用生物柴油，利用经分馏的棕榈油代替部分氢化油，利用可回收材质进行包装等。

通过采取正确的倡议，其他企业也能建立绿色的品牌形象。星巴克就是一个例子。咖啡本身与绿色毫无关系，其多年的成功运营与环境的可持续发展也毫无瓜葛。但是从创立初期，无论是店面设计或是咖啡豆的采购，星巴克均致力于降低对环境的影响，并不断寻求新的方式。最近，该公司开始使用更轻薄的垃圾袋，每年减少了 75 万磅的塑料垃圾，并实现了 50 万美元的成本节省。星巴克从不羞于与消费者分享这些信息，而支持环境也是星巴克品牌主张的一个关键要素。

流程的跨职能部门理解——跨部门协作

在评估整条价值链的环境影响时，采购部门并不能单独行动，而必须在结合供应链、营销、创新、研发的基础上建立一个强有力的采购组织，同时建立一套能够对这些内部利益相关人以及供应商等外部合作伙伴间的持续协作提供支持的运营模式。

　　一个不能建立上述联系的孤立型采购组织将仅限于采取订购再生纸或回收硒鼓等小规模措施，而不能像三棱镜集团一样进行全面的变革。

（本文写于 2010 年 6 月）

第三章

领导力和治理

危机时代的企业家精神

一位有识之士曾经感叹，如今要创造富翁很容易，创造一家优秀的企业却很难，而创造企业家精神更是难上加难。危机当前，我们需要什么样的企业家精神来力挽狂澜，带领企业走出经济的低潮期？笔者以为，能屈能伸的韧性、过人的胆识和社会责任心，是当前中国的企业家们最迫切需要的。

有韧性，能屈能伸

面对困难或挑战，一个有担当、有魄力的企业家，不会一味地怨天尤人，一味地从外部寻求援助，能屈能伸才能成就大业。我们见过一些企业家，他们的企业在政策的扶持下发展快速。一旦经济大环境不景气了，企业的一些问题就很快暴露出来，企业家便开始将问题归咎于政策，归咎于外部因素。

危机当前，企业家们需要冷静思考的问题是：企业自身是否具备足够的韧性来抵御风险，克服困难？如果不能，问题出在哪里？需要如何改进？

企业家要有韧性，不畏困难，能屈能伸；企业也要有韧性，才能有效对抗风险。博斯公司把企业 DNA 分为 7 类，分别是韧力调节型、随机应变型、军队型、消极进取型、时停时进型、过度膨胀型和过度管理型。前 3 类被认为是健康的企业 DNA，后 4 种被视为不健康的企业 DNA。韧力调节型企业被认为是最有前途的，它意味着企业非常灵活，能根据外部市场变化迅速进行调整，且始终坚持清晰的经营战略，并围绕它开展业务。

有眼光，危机中寻找机遇

与此同时，对一些优秀的、资金雄厚的中国企业而言，金融危机也意味着一次扩大市场版图的良机：利用价格和价值之间的差距来扩大企业的战略版图。

资金状况良好的公司可以趁机购买以前没有实力购买的相关联的企业，或者对地域品牌重组有战略意义的企业，包括一些海外的企业。这点听起来很容易，但实施起来，却需要那种在全世界人人自危、胆战心惊的情况下进行投资的勇气。同时，也需要企业家有足够敏锐的战略眼光，准确判断出投资的方向和价值。

有责任心，履行企业社会责任

中国的企业家从来不缺鸿鹄之志。在国内 20 多年的咨询职业生涯中，笔者接触过各个行业的优秀企业家。他们大都胸怀大志，想在快速成长的基础之上乘胜追击，把企业做大做强，跻身世界 500 强。可以看出，中国企业的发展目前正处在一个急功近利的历史阶段。

企业的社会责任不等同于慈善，企业家可以不捐款、不做善事，但是不该走向行善的反面。一度闹得沸沸扬扬的三鹿奶粉事件以及黄光裕被调查，再次让公众质疑企业家们的道德底线。如何摆正企业与社会的关系，如何履行企业的社会责任，是值得所有企业家认真思考的话题。

在困难重重的经济低迷时期，我们更需要企业家们有韧性，能屈能伸，不能在企业水涨船高的时候沾沾自喜，在经济出现低潮时怨天尤人。我们还需要企业家有责任心，除了为股东创造价值之外，还要履行企业社会责任。企业家还要有眼光，适时地从混乱和萧条之中寻找成长的良机。秉承这样的精神，企业家们才能成大器。

（本文写于 2009 年 2 月）

全球 CEO 更替：趋同而紧凑的十年

CEO 的角色正在转变，趋同和紧凑——这是我们连续十年（2000～2009）对世界前 2500 家上市公司的 CEO 更替分析得出的宏观主题。详尽的数据库包含了全球 3719 件 CEO 更替事件。纵观这十年，我们注意到，自 2000 年我们开始追踪这一数据后，全球各地 CEO 更替率变得更加趋同。新 CEO 任命——内部人士的优势，CEO 和董事会主席角色分拆，学徒模式的增长（新任 CEO 的前任成为董事会主席），行业更替率稳定——所有变化都围绕着全球新标准而趋同。

同时，在我们与世界各地 CEO 的交谈中，角色本身的趋同也越来越引人注目。今年，我们与美国、欧洲、南美、日本的 CEO 进行了十几次访谈，他们的评论表明：CEO 的任期变得更短、更紧凑，出现失误或者表现不佳的几率降低，CEO 和董事会主席角色分拆。另一方面，CEO 与董事会的联系更加紧密，与董事会主席的交流也更加频繁。上述现任 CEO 就这些压力给他们角色带来的变化，以及他们如何管理企业提出了宝贵的见解。

这些趋同和紧凑的趋势推动了世界顶级 CEO 的更替率。2009 年，世界范围内的 CEO 更替率维持在 14.3% 的较高水平，这一数字是过去五年的历史高点。

2009 年，随着世界经济开始初步复苏，全球前 2500 家上市公司中，有 357 位新 CEO 上任。在这些更替事件中，102 起发生在北美（29%），97 起发生在欧洲（27%），49 起发生在日本（14%），79 起发生在亚洲其他地方（22%），18 起发生在非洲和中东（5%），还有 12 起发生在南美（3%）——其 CEO 更替比例基本与该地区全球前 2500 家上市公司的比率相同。

其中，主动更替（CEO 退休或者选择离开）占到更替事件的大部分，尤其是在日本（84%）和北美（71%）；被迫更替（CEO 被董事会解聘）比率降低；与合并相关的更替总体下降，但在欧洲和亚洲其他地方有所上升。不管是绝对数字还是相对比率，被迫和合并相关更替在欧洲都达到了最高。

本年度研究最戏剧化的结果是：过去十年趋同而紧凑的趋势非常明显，这一趋势对新当选 CEO、期望成为 CEO 的高管和其他企业领袖的启示尤为突出。

趋同

CEO 更替率的一致化表明，全球管理标准正在显现，遍及世界所有行业。这个结论不是来自规定，而是来自实践。欧洲和亚洲其余地区被替换的 CEO 比率已经接近北美和日本。

新 CEO 的标准包括几个值得关注的特点：

一个独立和监管的董事会主席

越来越多的美国和欧洲公司将 CEO 与董事会主席的角色分离

开。在 2000 年，北美和欧洲大约一半的 CEO 身兼董事会主席一职。而 2009 年，这一比例在北美已经跌至 16.5%，在欧洲跌至 7.1%。

在角色分离以后，北美和欧洲的公司开始聘请即将离职的 CEO 出任董事会主席一职，而即将到任的 CEO 成为董事会主席的"学徒"。

有趣的是，对于让一人兼任董事会主席和 CEO 二职是让公司获益还是让公司受损尚无定论。两种管理模式的表现都未持续超过对方。但我们知道，学徒模式——离任 CEO 出任主席，未能带来持续的额外收益。实际上，平均来说，学徒 CEO 的表现不及非学徒 CEO。

聘请内部人士的趋势

在 80% 的情况下，全世界各地公司的董事会选择内部人士出任 CEO，这一比率近十年一直保持稳定，地区差异也很小。

内部候选人自然对公司更为熟悉，更了解公司面临的挑战和机遇。根据我们的研究，他们一般表现更好，在职时间更长。在离职的 CEO 之中，内部人士给利益相关人带来的投资回报，在过去十年中有七年都战胜了市场，平均收益率为 2.5%；而外部人士带来的收益率平均为 1.8%。

"对于认识我的人来说，优势比劣势多。"美国领先药品连锁公司沃尔格林药房（Walgreens）的总裁兼 CEO Gregory D. Wasson 说，"这有个信任的因素在里面。" Wasson 在 1980 年以实习生身份加入了沃尔格林药房。

巴西最大的私人银行之一巴西布拉德斯科银行（Banco Bradesco）的 CEO Luiz Carlos Trabuco Cappi 发现，"这对我来说比较容易，因为我已在公司文化中浸淫了 41 年。关键的挑战来自打破常规。"

不可否认，内部人士缺乏外部人士能带来的见解。但是经过多年建立起来的信任，可能会天然地抵御变革。

对于任期来说，我们十年的观察结果证明，内部人士比外部人士普遍多近两年（7.9 年 vs 6.0 年）。相比内部人士，外部人士更有可能被迫离开公司，这在过去十年间的九年中都得到了验证。

危机时期的经验和稳定性

毫无例外，过去三年中，全球规划内 CEO 更替逐渐上升。在经济下行和前景不明的情况下，董事会不愿意立即作出决定。

但对于稳定性和经验的偏好在危机到来之前就已存在，董事会一直在寻找有经验的 CEO。实际上，具备上市公司经验的离任 CEO 比率一直处于上升，在过去十年中比率增加了一倍，2007 年这一趋势似乎达到了顶峰。

紧凑

趋同和稳定的趋势可能表明，CEO 的工作变得简单，或者至少压力更小，但事实并非如此。在趋同和稳定的同时，还有另一波压力改变了工作重心。现在的 CEO 任职时间更短，任务更重，并且不再兼任董事会主席这一要职。

专职 CEO 角色的显现

2009 年新任命的 CEO 中，只有 12% 兼任主席，而这一数字在 2002 年为 48%。实际上，CEO 的工作专注于管理公司，而董事会主席专注于管理董事会。

绩效不佳的现实

被迫离职的 CEO 比主动离职的 CEO 表现差很多。换句话说，对于 CEO 表现不佳的忍耐度有所下降，迫使 CEO 尽早确定时间表，做出成绩。

短时间内建立和实施时间表

21 世纪的 CEO 必须建立时间表，并且需要比上一代 CEO 以更快的速度做出成绩。尽管 10 至 15 年任期在 20 世纪后半叶并不鲜见，但全球离任 CEO 的平均任期在过去十年中已经从 8.1 年降为 6.3 年。CEO 离任的平均年龄与过去差不多，但它们上任的平均年龄却有所增大：2000 年为 50.2 岁，2009 年为 53.2 岁。

CEO 何去何从

随着不同区域和行业的企业管理标准逐渐趋同，它们变得更加严格、更有条理，而监管者和投资者要求的透明度也更高。

这对 CEO 和未来 CEO 的启示如下：第一，CEO 的角色变得更加综合和富有挑战性。这份工作更难坚持——更短的任期，以及计划内更替的增加，意味着 CEO 推动其计划的时间更少；而 CEO 和主席工作的分拆，意味着每项工作责任更加重大。第二，CEO 对公司的成功直接负责更多，对绩效的压力更大，并且时间更紧迫。对主席来说，对董事会直接负责更多，寻找 CEO 继任者时间更短，任务更重，风险更大。内部提拔 CEO 的更佳表现，印证了连贯性和精心设计的领导力发展的价值；被迫寻找外来人士担任 CEO 的公司可能要为之付出代价。

基于对数据的分析及与不同领域高层的访谈，我们提出了对新上任 CEO 来说应该牢记的四条规律：只做仅能由 CEO 做的工作；将董事会作为战略合作伙伴；找出变革的合适领域；让公司文化为你服务。我们结合这些规律与来自全球不同行业的 14 位现任 CEO 进行了深度的面对面访谈，将 CEO 们的观点综合在一起，形成了 CEO 角色演化的"虚拟指导"。

规律一：只做仅能由 CEO 做的工作

正如我们指出的那样，CEO 的工作已变得更加全面。所以，分配任务令公司的每位员工各尽其职显得尤为重要。CEO 的角色是独一无二的。在选择亲自进行的工作时必须严格，应该专注于别人无法完成的工作。

Ian Livingston（**英国电信**）：我认为我的工作是建立日程表，寻找正确的人员，确保变革发生，只有 CEO 能做这些。

Greg Wasson（**沃尔格林药房**）：一名 CEO 有更大的组织责任，应关注股东价值，提高每股盈利和投资回报。作为经理，则关注损益表，侧重于为股东带来更大回报。

首先，形成公司对成功的定义。公司前进的方向由 CEO 决定。为了让你的员工统一行动，你需要统一公司内员工对成功的定义，以方便你和员工间的沟通。你还需要进一步指明公司前进的方向，这样员工才能清楚需要改变的地方。

Severin Schwan（罗氏）：我们决定，在特定领域进行创新业务——医药业和诊断业。我们的创新是高端的创新。如果你想成功研制新药品、新诊断方法，并且在未来合并这两项，你必须处处做到领先。你需要这个世界上最优秀的人才。如果你只有二流的人才，市场上将没有你的容身之地。如果我能创造出可以吸引最具创造力、最有胆量的员工的环境，那我就能高枕无忧了。

其次，打破框架。只有 CEO 能调整公司，确定其使命和市场的方法。要么改变业务模式的基本方面，要么改变基本假设。比如，一家消费品公司的新任 CEO 可能必须改变旧的向零售商支付费用的方式，使其推广公司产品的方式采取直接面向消费者的新模式。这些步骤可能被认为是对特定业务单元或职能的固有利益的损害。而这一切只有 CEO 能够实施并维持这些步骤。

Jan Lång（Ahlstrom）：跳出常规思维，重新思考商业逻辑很关键，也是最大的挑战。与董事会的合作是这一流程中的关键。同样，与非公司员工交流也会很有帮助。我发现了 Ahlstrom 公司文化方面的财富：诚实、信赖。毫无疑问，这来自本公司多年的家族所有。从负面意义来说，我们的资产基础和路径图禁锢了我们的思维和行动。打破这一现象是找到新潜能的关键。（Lång 源于外部招聘。）

再次，重设期望。新上任的 CEO 需要给公司带来新气象，确定变革方向。你越能将这些变革与人们对绩效、责任和文化的期望联系在一起，你就越可能实现战略变革的要求。将你的胆量与对现实的理解进行平衡。你的早期宣言应当具备说服力，但还需认识到随着你和你的员工整合所拥有的智慧，这些宣言同样需要与时俱进。

渡部贤一（野村证券）：作为 CEO，我的使命是在公司内部进行一些变革，而这些变革的速度是个重要因素，尤其是在市场和商业环境变化如此之迅速的情况下。管理变革的关键是使公司相信我们别无选择，只能接受这些变革——我们无法逃避变革。但是，我们这样的公司需要花些时间来进行变革。我们有着在严格监管环境中形成的鲜明文化，大部分员工整个职业生涯都在本公司度过。我的角色之一就是确保公司时时刻刻关注外部环境，灵活适应，快速向新目标前进。我相信，一个强大的公司能够在寻找到它在新环境中所处位置时，快速做出变革。

Roberto Medeiros（Redecard）：保持透明，在无法保持透明的时候保持开放和真诚，明白地说出你无法谈论这个话题及其原因，也比捏造一个回答更好。

最后，将部分与整体结合。只有 CEO 能够向公司灌输统一的思维，因为只有 CEO 能够调解和应对整体与部分间的矛盾。公司的单个部门经常指责公司总部管理费用过高，实施太慢，不了解客户。而公司总部却指责公司部门各自为政，不以公司整体利益为重，不愿意将行动和目标联系起来。

George Barrett（卡地纳健康集团）：我将这看作"推"与

"拉"的结合。CEO 需要指出，将公司捏合为一个整体后为何比单个部门的组合更有价值？如果仅仅是"推"，可能整体结合不佳。当公司部门开始"拉"的时候，形成合力，能给公司带来积极变革。

规律二：将董事会作为战略合作伙伴

CEO 管理企业最有效的黄金法则：当与董事会合作时，牢记你对董事会的所作所为也是业务部门对你的所作所为。就像你希望你的业务负责人将你作为战略合作伙伴，时刻让你知道公司的方方面面一样，所以你也应当让董事会了解一切。当你只是 CEO 而不是董事会主席的时候，这一点尤其重要。

过去在大部分公司里，CEO 与董事会保持一定距离，只在年度会议上与董事会成员就战略进行沟通。考虑到董事会面临的压力，以及管理层期望的责任水平，这一模式不再有效；董事会成员需要随着公司的发展，参加公司战略对话。不然，它们可能会过度关注风险转移，这也是缺乏经验或信息获取不足的董事会的特点。

Neil Kurtz（Golden Living）：CEO 的工作是向董事会提供可操作信息。

Ian Livingston（**英国电信**）：试图向董事会主动提供清晰的信息很关键。确保你能游刃有余，让董事会感觉你将它们当作自己人，而不是拒之于千里之外。

Jan Lång（Ahlstrom）：董事会现在的角色和过去不一样了。它们在帮助你进行战略决策方面比过去更加重要。如果你与它们合作得当，它们能够真正帮你开拓思维，获得改革的勇气。

渡部贤一（野村证券）： 独立董事会的存在对管理非常关键，因为管理层必须通过分析证明其决策和行动的正确性。这产生了有效的检查职能，就好比每月的利益相关者会议。

作为 CEO，你负责引领董事会大胆行动，不然可能会影响公司的领导和方向。我们曾经共事过的 CEO 通过提供清晰的架构和流程，保证持续的董事会参与，从而实现上述目标。

José Antônio Guaraldi Félix（Net Serviços）： 我认为 CEO 应该负责与董事会建立关系——他必须主动安排董事会会议，记录作出的决策并跟进，以及解决矛盾。

现在的董事会提供补充技能，特定成员提供特定领域专业经验，比如财务、薪酬、运营或市场。你设计的流程必须要能利用这些专业技能。同时，因为董事会成员通常缺乏对业务的深刻了解，你还需向它们介绍相关背景，以使其做出建设性贡献。

Matti Lievonen（Neste Oil）： 我们经历的变化非常重大，如果没有董事会的指导和协助，这些变化不可能取得成功。同时，董事会还是非常重要的宣传者，若没有与他们的良好关系，很多事情都无法完成。

规律三：寻找正确的变革之处

只有 CEO 能够设定公司内部变革的速度：确定哪些变革需要快速进行，哪些需要更长时间。每一名 CEO 都面临学习曲线，就公司业务模式、文化和成本结构即将进行的变革发表不成熟的声明将会带来麻烦，但过度减缓变化将破坏动力和给竞争对手提供超前的机会。所以，设定变革速度取决于你对客户、竞争对手、员工消化变革和适应新业务能力的理解。

作为一名 CEO，针对上任之后头一百天能实现的目标，你需要避免设定不切实际的期望。你任期的头一百天固然很重要，就像所有的蜜月期一样，但对你来说，最重要的还是在整个任期表现出色，实现事先设定的总体目标。

Severin Schwan（罗氏）：管理变革速度，与公司能消化多少变革有关。如果这是人为决定的，我认为我们应当加快速度。如果你觉得你没有合适的人选时，不要等待太长时间。如果变革是有关建立普遍文化和信任，我觉得你不能强求，要慢慢来。

规律四：让文化为你工作

在过去，CEO 传统上认为文化变革就是正式的愿景、战略、程序和架构——通常在结构化文档、协议和图表中得到描述。但只关注这些正式的方面，就会忽略非正式沟通的重要性：网络、对等关系、工作标准和习惯、信息和资源流以及利益团体。高度的情感承诺是良好运转的公司的核心。所以，运用好这些机制对实现持续的变革和良好的绩效非常重要。

George Barrett（卡地纳健康集团）：语言可以成为你最强大的象征。它可以被简单复述，如果信息组织得当，它将广为传播。CEO 的角色就是用符合公司文化和企业战略的语言进行交流。

首先，建立同事联系。领导者通常在文化与价值之间画上等号。但其实将文化看作是同事之间的信息、影响和见解流动更加具有实效。你的文化是强势还是弱势，通常取决于同事之间联系的强弱。比如，当同事们花时间向对方解释为何特定变革不起作用时，则会带来负面的影响，使详细绩效举措偏离预定轨道。在强势文化中，同事间的互动可以加强创新和对变革正面的回应。

Doug Oberhelman（卡特彼勒）：毫无疑问，文化是战略不可分割的一部分。即便你拥有世界上最伟大的战略，但如果文化很差劲的话，可能战略就无法执行。另一方面，即便你的战略很一般，但良好的文化能帮你克服困难。

其次，利用情感力量。作为新上任的 CEO，你无法只通过职位力量去影响文化。如果你试图将公司带向新的方向，你必须尊重、理解和利用公司员工赋予你的情感力量。

每个 CEO 都会在一定时间内掌舵企业，其工作也随之确定。如今，外部力量和内部动态正以独特而有力的方式结合，横跨地区和行业。这些力量增加了新任 CEO 面临的挑战，包括绩效的更大压力和被压缩的时间。但这也给 CEO 们带来了不同的机遇，使其清晰无误地明白了公司和它们自身的责任之所在。

最终，是 CEO 的职责来集合员工的精力和能力，实现战略目标。新任 CEO 可能成为连接中心和个别业务的桥梁，重新塑造企业文化，更重要的，是改变千千万万人的生活。

（本文写于 2010 年 7 月）

CEO 离职率下降

尽管 2009 年全球前 2500 家上市公司的 CEO 更替率较高，为 14.3%，但博斯公司第十次年度 CEO 更替研究表明，几乎每个地区、每个行业的 CEO 被迫离职率都有所下降。研究报告显示，21 世纪影响 CEO 生活的趋势主要有两个：第一，尽管更替率在各地区和行业都趋于一致，但各国和各行业的董事会都倾向于聘请内部人士担任 CEO，并分离 CEO 与主席角色。第二，CEO 被要求在更短时间内完成指标。

2009 年，全球 CEO 被迫离职率下降为 3.3%，为 2003 年以来最低水平。2008 年为近十年最高，达 5.1%。2009 年，包括计划内和并购推动的总体更替率，北美地区 CEO 离职率下降了 2.4%，日本下降了 0.5%，欧洲保持稳定，而亚洲则增长了 2.3%。

报告研究了全球排名前 2500 位的上市公司 CEO 更替的程度、性质和地区分布。2010 年的报告《CEO 更替 2000～2009：趋同而紧凑的十年》，基于连续十年的全球更替数据，分析了 CEO 角色的发展。

CEO 离职的共同特点

多为计划内离职

在 2009 年的 357 宗 CEO 更替事件中，228 宗为计划内（退休、生病、计划很久的变革）更替，占离任事件的大部分，尤其是在日本（84%）和北美（71%）。被迫离任（董事会因绩效不佳、道德问题或不可调和的矛盾而解聘 CEO）为 83 宗，还有 46 宗因并购更替。

金融服务业 CEO 更替最不稳定

2009 年，金融服务业中 CEO 离职率为 17.2%，大大超出全球 14.3% 的行业平均水平，比过去十年该行业平均水平高。而其中被迫离任率也比平均水平高（5.3% vs 3.3%）。与之形成对比的是，健康领域的 CEO 在 2009 年稳定度最高，更替率为 10.3%，其中只有 0.6% 是被迫离任的。

电信行业 CEO 被迫离职率最高

电信行业十年 CEO 更替率（16.9% vs 13.6%，其中 13.6% 为各行业平均）与其他行业不同，其中被迫离任率占 54%，为目前所评估的十个行业中最高，也是唯一一个被迫离任超过计划内离任的行业。

该研究选择了世界前 2500 家上市公司，其排名依据为 2009

年 1 月 1 日的公司市值（彭博社数据）。研究团队在这 2500 家公司里选出有 CEO 更替的公司，并与多种语言的纸质及电子数据进行比照核对。此外，还对 CEO、总裁、董事总经理和主席的离职或上任声明进行了电子搜索。对于被并购的公司清单，使用了彭博社数据，还针对其他方法无法识别的 CEO 变革进行了补充研究。股东回报率数据来自彭博社，其中包含可能的股利再投资。股东总回报率数据根据当地市场进行调整，并归入相应年份。

CEO 更替的三大趋势

趋势一：各地区和行业的 CEO 更替率趋同

欧洲和亚洲（除日本）每年 CEO 更替率和北美及日本逐渐相同。更替率在行业间也逐渐趋同，十年平均值为 12% ~ 14%，电信行业除外。

趋势二：倾向于内部提拔

2000 年以来，董事会内部提拔 CEO 的比例比从外部聘请多了 80% 。考虑到过去七年中，内部提拔 CEO 的公司股东回报率为 2.5% ，超过了外部 CEO 的 1.8% ，这不足为奇。"聘请外部人士担任 CEO 的公司，可能会付出一定代价，"研究人员表示，"内部提拔的 CEO 的人脉至少会对其工作有所帮助。希望引入外部 CEO 经验的董事会需要慎重考虑所付出的代价是否值得。"

趋势三：独立的董事会主席

2000 年，几乎一半的北美和欧洲 CEO 同时兼任董事会主席。在 2009 年，这一数字分别降为 16.5% 和 7.1%。

CEO 工作的三大新趋势

CEO 必须做得更多、更快

在过去十年，CEO 的任期下降了将近 2 年，从 8.1 年降为 6.3 年。尽管 CEO 离任年龄与过去差不多，但他们的上任年龄比过去有所增大：2009 年上任的 CEO 平均年龄为 53.2 岁，2000 年为 50.2 岁。

更多的 CEO 具有"学徒"身份

在分离了主席和 CEO 的角色之后，越来越多的北美和欧洲公司聘请离任的 CEO 作为董事会主席，指导其继任者。但"学徒"模式并没有带来持续的高回报。平均来讲，每年"学徒"CEO 的表现比非"学徒"CEO 差 1.3%。

CEO 绩效不佳不可原谅

被迫离任的 CEO 比主动离任的 CEO 表现差了许多。这一现象在过去十年中尤为明显，主动离任的 CEO 给公司带来的经市场调整后的回报率为中位数 6.0%，而被解聘的 CEO 的这一数字为

-3.5%。"新任 CEO 执行变革战略的时间比他们的前任更短,"研究人员解释,"他们需要在激进和现实中找到平衡。"

(本文写于 2010 年 9 月)

CEO 降薪同时还应该做什么

多数公司实行"高管降薪"的首要考虑是节约成本，管理层的薪酬往往是公司的一项不小的开支，在企业现金流紧张的时候，通过此项举措可以降低企业成本。例如，由于销售量下降，丰田 2008 年度营业利润将比上年度下降超过五成，净亏损将达 3500 亿日元，而丰田董事会成员 2007 年度的薪酬总额高达 28.5 亿日元，由此全球的高管都进行了程度不一的减薪。三一重工集团也宣称，由于管理层降薪，仅此一项即可节省近 530 万元人民币的人工费用。而且减薪的同时一般还会伴随着缩减差旅费、会务费等管理费用。

不过高管降薪的意义并不止于此。

规避道德风险

在金融机构陷入危机之时，高管人员如仍可获得以往的高薪和优厚的福利，这会引发民众普遍的不满情绪和质疑。比如，雷曼兄弟（Lehman Brothers）以 6390 亿美元资产申请破产成为美国历史上最大的破产案，其 CEO 迪克·富尔德（Dick Fuld）却自

2000 年至 2007 年间，获取了价值 3.5 亿美元的薪酬与补助金，而富尔德也为此付出了代价：在健身房遭人痛殴。引发了全球经济低迷的肇始之地——华尔街，其金融业员工 2008 年的分红高达 184 亿美元，奥巴马总统也对此愤怒地表示："这是极不负责任的，是可耻的。"随后，美国特别针对接受政府援助的金融企业颁布了限薪令。

同样类似的是，前不久有报道称，国泰君安证券 2008 年薪酬及福利费用高达 32 亿元，较年初预算增长 57%，一度传闻"人均年收入近 100 万元"。由此引发了社会强烈反响，成为社会讨论的焦点，虽然该机构出面解释澄清，但普通民众仍对其抱有宁信其有不信其无的态度。

而国企高管的年薪因不透明而一直饱受诟病，在经济低迷的现今，企业面临亏损甚至破产，员工面临失业之时，高管年薪自然再度成为敏感话题。企业效益下降，需要有人对此负责，管理层理应承担其在管理上的失误责任。作为领导者，如果其个人收益并不因此有何减损，这极易引发企业和管理者的"道德风险"，从而令企业的市场声誉受损。而这背后，人们期待的是与绩效挂钩、奖优罚劣、透明合理薪酬制度的建立。

危机时刻的领导者角色

其实，在企业危机时刻，高管降薪的现象并不罕见，可谓前有古人、后有来者，数不胜数。前不久克莱斯勒（Chrysler）董事长兼首席执行官罗伯特·纳德利（Robert Nardelli）在争取政府资助时，就曾表示，如果能得到救助，他愿意接受一美元的年薪。而早在 1979 年，他的前辈李·艾科卡（Lee Iacocca）在接受联邦政府贷款担保时也曾做出同样的承诺。

好的管理者不仅是在企业顺利的时候做得很好，更重要的是在企业的艰难时期发挥出色，承担起领导者的责任。"所谓的领导，就是在享受特权的同时，承担起更大的责任，在风险或危机来临时，有勇气站出来，单独扛起压力。"在"9·11"事件中有出色表现的纽约前市长鲁道夫·朱利安尼（Rudolph Giuliani Ⅲ）对领导者有如此解释。当前，在企业面临亏损，成千上万工人面临失业，管理者理应挺身而出，首先做点什么。减少自己的薪水纾解企业财务压力，成为很多企业高管的第一选择。

2001 年前后，科技股泡沫破灭之后，思科（Cisco）销售额锐减、股价暴跌，股票总市值自 2000 年 3 月以来跌了 4000 亿美元。其 CEO 约翰·钱伯斯（John Chambers）主动拿起一美元年薪，并且自己支付所有的费用，就连坐飞机也不让公司掏钱。其他的高层管理者也降低了其收入。三年来总计 3 美元年薪，换来的是思科全球 34000 名员工的斗志，思科励精图治，终于走出互联网泡沫破灭后的阴影。

通过自降薪水，公司管理层表达了愿与企业及员工休戚与共、共渡难关的决心，以及带领员工突破困境的信心，这可以令员工看到希望，从而提振士气。在 2002 年时，华为集团利润缩水 4/5，2003 年春节刚过，400 多位高级管理人员在降薪倡议书上签名，最后，362 位总监以上管理人员降薪 10%。虽然他们削减的薪水相较于整个集团的利润缩减微不足道，此举却激发了员工的斗志。其实，无论是三一重工"高管降薪，不鼓励普通员工减薪"，还是马云的"高层管理人员不涨薪水，普通员工涨薪水"的策略，都是一种激励，意在表达管理层愿意承担压力和责任，从而抚慰、团结了众多普通员工。

对于有些公司而言，高管降薪还是一种示范作用。由于经营状况不佳，企业往往需要做出裁员或减薪等举措挽救颓局，高管等身先士卒，带头降薪，可以让员工看到公司改革的决心，从而减轻公司改革的阻力。而惠普前首席执行官卡莉·菲奥莉娜（Carly S. Fiorina）因为对员工裁员减薪，自己仍享用商务飞机，招致了普遍不满，给工作带来了阻力。

真正的领导力

当然，高管降薪和一元年薪只是权宜之举，普通民众和员工更乐见企业管理层使企业摆脱困境的实际举措。在众多的"一元年薪"商业案例中，之所以苹果公司的乔布斯以及克莱斯勒的艾科卡等成为"传奇"，就是因为他们最终使得企业扭转乾坤、反败为胜。

高管降薪仅仅是企业面对惨淡现实的第一步，更重要的是下一步，如英特尔（Intel）创始人安迪·格鲁夫（Andy Grove）所言："优秀的企业安度危机，平庸的企业在危机中消亡，只有伟大的企业在危机中发展自己。"对于企业管理层而言，除了应该有承担责任的勇气和决心，更要有带领公司走出困境的智慧。在我看来，此时，企业需要首先客观地审视自身的业务，并自问是否能继续生存下去，并采取快速且果断的行动。

对于那些自身经营并没有遇到什么根本性问题的公司来说，首要目标是通过以下五项行动方针，尽可能在经济低迷中实现强劲且快速的增长。可以看看钱伯斯当年带领思科走出低迷的一些领导力秘诀。

关注未来

重新审视企业的业务组合并剥离那些边缘业务。放弃那些与其他竞争对手相类似的业务，转而专注于最强的业务、最好的产品、最优质的客户以及最突出的能力。思科曾在圣约瑟（San José）产业园创建了一个价值 3000 万美元的全功能电缆站，由此来推动其核心业务路由器和交换机的销售，而且利用并购进入了当时美国每年高达 150 亿美元的网络电话市场。

准备度过困难时期

公司需要尽快从内部筹集尽可能多的投资资金，通过将业务组合高度集中，从而实现所产生现金的最大化；优先将资金分配在与核心业务相关的研发及资本支出上；保障已有的低息贷款；将运营资本降至最低。然后为上述措施制定激进的目标并获得现金。除了裁员和降薪之外，钱伯斯果断地砍掉了 50 条产品线，并对员工旅行费用进行了一番自上而下的削减，节减额达 40% 左右。思科因此节约了 17 亿美元，将生产成本降低了 17%。

预计未来的行业结构

如果目前在所处的行业中有五家主要的公司，那么在未来是否会只剩下三家？思科不断地从竞争对手如 Juniper、朗讯（Lucent)、Extreme 和 Foundry 手中攫取市场份额，占据了 69% 的网络交换机市场和 85% 的路由器市场，2002 年成为全球无线网络设备的头号供应商等等。

改变策略

千万不要将研发、新产品开发以及资本支出视为固定成本。这些都是能带来优势的投资活动，切勿延误。当新产品开发完毕，新设备准备就绪时，这些都将成为竞争优势的来源。钱伯斯改变了思科只并购不创新的策略，每年都将销售收入的 18%——近 35 亿美元投入在研发上，将重心放在新产品研发上。

准备承担精明预判的风险

判断好未来的经济走势，通过自己认为可靠的产量签订固定价格合同，同时根据所观察到的情况对风险敞口进行对冲，从而保护自己。此外，做好准备调整企业的资本结构。

（本文写于 2009 年 5 月）

化解冲突，成功 CEO 的首要素质

多年以来我们发现，最成功的 CEO 首先是能化解冲突的人。

说到冲突，企业中其实存在两类极端情况。一种情况是，高层间表面上和谐一致，喜欢避免冲突和争取一致，以至于重要的事从不会真正得到解决。另一种情况则是，为了个人得失在小事上你争我夺、剑拔弩张，严重阻碍公司业绩提升。

冲突太少会让公司了无生气，而冲突太多又会损伤元气。而成功的管理者，往往能将团队的冲突控制在两者之间，建设一个"高效紧张"的团队。团队成员在一些基本问题上，如使命、目标等方面，有相似见解，并能以正确的方式就事关公司当前和未来的议题适当争论。冲突虽然存在，但它创造了一种积极的能量，能推动公司前进，故可称之为是一种良性冲突。

马修·巴雷特（Matthew Barrett）成为巴克莱银行（Barclays Bank）CEO 后不久，就有意把冲突引入执委会（Excom）中。执委会成员包括负责不同部门的经理，每个成员都把部门利益放在首位。巴雷特为此非常懊恼，他决定改变这种局面。他告诉他们，将解散执委会，一片沉默之后，有人问为什么，他说："我觉得大家再为一些无意义的事争来争去没有意义，要么放弃执委会，要么你们说服自己，你们的首要工作是共同管理企业，次要工作才是自己那一块利益。我希望据此创造一种为整体负责的意识。"

由此看来，CEO 不仅要关注合理的冲突，也要以正确的方式来利用它们。为什么冲突会发生问题？因为当冲突发生时，也许它隐藏在表面以下，而不是浮现在表面之上；也许它能被认识到，但没有通过正确的方式来解决。所以，CEO 首先要认识冲突，接受冲突永远无法完全避免的事实。其次，CEO 要在公司上层营造一种积极的紧张关系，使那些最重要的冲突显露出来。正确的冲突如果调解不好，往往会产生可怕的结果。CEO 不仅要将冲突暴露出来，还要以正确的方法解决，这样才能利用冲突为己服务。

当罗尔夫·克拉森（Rolf Classon）接任一家大型医疗公司的 CEO 时，意外地发现自己面临一个非常艰难的处境。该公司一直考虑实施一项收购，这或许会帮助该公司占据市场的主导地位，这一想法也得到了前任 CEO 的拥护，整个高层团队似乎也都表示支持。但是在他接任这一工作之后不久，克拉森发现团队当中有一些人实际上持怀疑态度，包括一些德高望重的成员。

随后，克拉森邀请所有成员进行了一次开诚布公的讨论。克拉森告诉他们他并不了解这桩买卖，所以会是一名公平的裁判。他想要知道团队成员的想法，希望他们能更深入地挖掘保留意见。他告诉团队成员，这个问题上没有明确的对或错。

当团队成员意识到上层能容忍甚至拥抱异议时，便提出了许多新的看法，以及对原有方案的质疑。最后得出结论：该交易从财务角度来看可能会有用，但它在战略上并不得当，于是他们决定放弃。六个月之后，一个更好的收购机会来了，此时，团队有足够的资源、时间以及相互信任来采取行动，结果并购大获成功。

另一位 CEO 道格拉斯·科南特（Douglas Conant）也是一个解决冲突的高手。当他 2001 年担任金宝汤食品公司（Campbell Soup Company）总裁一职时，过去十年间，团队中没有对该组织完成什么目标达成共识，领导者们已被冲突的事项和内讧所消耗，互相推诿、指责。一度备受推崇的美国品牌迷失了方向，成为世界上表现最差的食品公司。

科南特上任后，坦率地面对每一个冲突，但他不可能立即解决这些问题。为此，他为所有管理人员创建了一个协调一致的基础。在他任期的头三个月，他和领导团队一起工作，创造了一份价值声明及品牌宗旨，在其宗旨下，所有暂时的矛盾和分歧统一到了共同的目标上。金宝汤食品公司的产品质量也逐步提高，创新层出不穷。截至 2008 年底，金宝汤的财务表现排进食品公司的前 10%，在员工士气方面排进财富 500 强公司的前 25 名。

（本文写于 2010 年 12 月）

第四章

创　新

后经济危机时代，更需要创新

根据博斯公司日前对全球 1000 家研发投入最多的上市企业的一项分析发现，虽然面临着严峻的全球性经济衰退，与前几年相比，在销售收入仅增长 6.5% 的情况下，这些企业的研发投入增幅虽然有所降低，但仍达到了 5.7%，合计 5320 亿美元；而研发收入占销售收入的百分比与 2007 年持平，保持在 3.6%。总体而言，有超过 2/3 的企业保持或加大了在研发部门的投入力度，只有超过 1/4 的企业在 2008 年减少了研发投入。

那么企业在特殊时期如何对创新投入资金？调查发现，多数公司正在根据变动的客户需求调整其创新战略。近半数的受访者在开展研发项目时比从前更加谨慎，改变了批准新研发项目时的筛选标准。而有接近一半的受访者表示，其所处企业正关注于改善流程，以在经济低迷时期改变研发的开支。类似比例的受访者认为他们在剔除低绩效项目方面比从前更加行之有方，且更关注于增长潜力更大的新产品。经济衰退致使各公司无论在经济景气抑或不景气的时期，都更加谨慎地对待它们的创新过程及资产组合。在动荡时期做出的精明决定可以帮助企业在随后复苏的过程中更明智地进行投资。

在竞争激烈的市场环境中，企业减少创新投入无异于战时的单方面解除武装。后经济危机时代尤其是针对竞争对手建立研发优势的良好时机，特别是针对那些迫于财务原因而不得不缩减研发投入的弱小竞争对手。

很多公司也意识到了这一点，据博斯公司的这项调查显示，超过90%的调查回复肯定了创新对于企业复苏的重要性。全球创新1000强的前100家公司明确宣布，将在研发领域中提高3.2%的投入力度，而这些公司在其他方面进行的成本节省为1%。

"创新"在中国企业发展的历程中也发挥着强力推动作用，为企业创造了良好的业绩。这些企业通过创新，还惠及了其所在行业产业链，甚至在更大范围产生影响。为使创新在后危机时代发挥更大作用，中国企业还需要在以下方面做出改善。

创新投入

整体而言，中国企业和其他跨国公司相比在研发投入上相对较少，此次仅有比亚迪、中国交通建设、中石化等15家中国公司进入全球创新投入前1000强的名单之中。北美、欧洲及日本公司揽括了全球创新1000强94%的创新支出。

创新全球化战略

相比较而言，跨国公司创新战略更具全球性，将其研发资金中的很大一部分用于其总部所在国以外的国家，且投资金额仍在不断增加，中国需要在创新全球化战略方面增加投入。

创新的整合与商业化

中国企业需要更好地整合科技创新和商业创新。一些科技含量很高的公司，比如成长性行业里的生物科技和替代能源公司正在积极进行技术创新，但为了长远发展，它们的商业模式和运营也需要创新。另外，一些创新型公司规模较小，缺乏资源对其创新成果进行商业化运作，难以产生更广泛影响。这在传统和非高科技行业尤其明显，而对这类企业来说扩大规模较为困难。

自主创新

过去，高速发展的宏观经济使得中国企业普遍把企业运营重点放在产品销售和营销上。但时至今日，不少企业的创新依旧停留在模仿阶段。山寨主义在近年来盛行一时，尤其是广东地区生产手机的山寨厂商异军突起。然而，在这些通过模仿成长起来的企业当中，只有少部分企业能脱颖而出，最终长大。因此，未来的中国企业需要意识到，企业成长，更关键的是能持续性地自主创新。

整体协调

　　企业创新成功很大程度来自于企业整体协调的结果。许多中国企业缺乏创新意识、创新文化、创新机制乃至相适应的组织，这些都会成为阻碍企业创新的瓶颈。

（本文写于 2009 年 12 月）

创新战略击败衰退

面对经济衰退，企业应该如何部署创新战略？我们发现，有的企业希望通过减少研发经费来削减成本，却未考虑到此举对企业的长远影响；也有一些企业忽略了经济衰退使消费者的经济状况和购买习惯产生了变化，依然继续开发市场所不需要的低利润率产品。这些不恰当的创新战略使得许多企业走向没落。

坚持投入

只要创新战略得当，经济危机中也可以诞生最富有创新精神的产品和技术，不仅能帮助企业渡过危机，而且还为企业后续的盈利发展打好基础。电视机、静电复印术、电动剃须刀、调频收音机及其他众多产品和技术都诞生于经济大萧条时期。

英特尔在40多年的发展历史中多次遇到过经济不景气的情况，它对抗经济衰退的经验是：越是在经济衰退的时候越是要坚持投入、坚持创新。这些成功创新企业的共同特点之一就是：面对逆境，它们从容不迫地发挥自己的长处，采取大胆的行动并着眼于能够创造价值的新机遇。

六大创新战术

我们的研究表明，在低迷时期，企业应当着重投资于核心研发，或者调整创新方向以适应新的市场需求，从而确保企业的未来发展。最成功的企业则双管齐下：侧重于得天独厚的技术和产品线，并且坚决淘汰或重新定位没有市场前途的项目。有六项战术举措支持这一战略，这些举措是经济繁荣期的行业最佳做法，同时也是企业生存的必需条件，只有这样，企业在经济好转的时候才可能继续保持领先。

第一，和客户保持一致

经济衰退造成了客户偏好和购买习惯的重大变化，但是还很难判断哪些变化在经济复苏后将面临重新调整，而哪些变化将不再改变，连客户自己可能也不知道。企业应当建立和测试各种方案，设法了解客户的短期和长期需求；并且利用市场洞察力，调整项目投资和改变产品系列，以应对经济衰退。

第二，淘汰薄弱项目

当企业必须将资源集中于最有可能取得成功的项目时，那些进展迟缓的项目将消耗企业的技术人才和资金。虽然经济衰退可能为一些项目的上马提供了依据，但是这有可能影响其他项目的实施，特别是高端产品。企业应当尽快评估以确定哪些项目已超过预算，哪些产品生产线已无利可图，以及哪些不符合目前或未来客户喜好。此外，为了确保研究开发能适应快速变化的环境需要，每个项目应符合公司的整体战略。

第三，挽留核心人才

无论是经济低迷还是经济繁荣，人事和研发管理层必须明确挽留哪些人才和高管，以执行最重要的研发项目，保持企业创新。

第四，重视得天独厚的创新实力

现在，企业应当加速优化产品和技术，确保取得市场优势。如果有必要，企业可调整资源和开发周期，以满足经济繁荣时期的市场需求。除此之外，企业还应当继续重视产品质量和客户偏爱的产品功能。

第五，紧盯技术动向

经济衰退给财务状况良好的企业提供了收购机会。金融危机下，一些企业出现资金短缺，会被迫出售尚未开发的技术和知识资本。如果企业有购买能力，则应当进一步拓展合作伙伴，从而评估并购机遇。如果企业没有足够的资源，则可以考虑短期启用特别小组，以挖掘所在行业的商机。

最后，确定创新能力的差距

现在正是冷静评估创新体系优劣势的时候。企业应当确定实力差距，从而以更少的资源来启动项目。当经济好转，这项工作将有利于企业快速准确地拓展市场。

（本文写于 2009 年 8 月）

气候压力下的企业创新

目前全球二氧化碳的年排放量约为 80 亿吨，而每年大气层中被植物及浮游生物等自然生物所吸收或溶于海洋的二氧化碳约为 30 亿吨，相比较而言，排放量高出 1.5 倍多。一旦二氧化碳含量超过临界状态，气候变化的效应将不可逆转，并将摧毁人类和其他物种。为了应对气候变化带来的挑战，2009 年 12 月在丹麦举行了哥本哈根联合国气候变化大会，该大会是《联合国气候变化框架公约》第十五次缔约方会议。在这次大会上，世界各国领导人将就全球应对气候变化的新安排达成协议，以取代《京都议定书》，并在 2012 年后生效。

专家认为避免气候灾难的唯一方式就是在未来 20～30 年内迅速地将排放量减少至等同于或低于大气层中二氧化碳的消耗量。为了实现这一目标，需要在未来 20 年中，全球减少 60%～80% 的二氧化碳排量，这就是工业社会所面临的"80～20 挑战"。在目前的工业体系下，想实现"80～20"目标，需要在全球范围内对我们所使用的能源主要类型、驾驶的车辆、生活及工作的建筑、设计的城市以及客运和货运方式进行重大改变。此外，还需要一些目前没人能想象到的变化。人类必须迅速重新思考并重建其基础设施、技术、组织架构以及与自然界合作的方式。

为了实现"80~20"目标，需要以前所未有的规模和速度进行基本创新。许多现实世界的成功总是从小做起，逐渐吸引广泛的参与，随后发展到相当的规模。它们的发展方式与最初的工业革命如出一辙，只是目前的发展速度更快。正如最初的工业革命一样，商界必须发挥重要的作用——商界人士能够应用其管理技能、创业精神和对经济的敏锐，从而带动全面的转变。

当前，新一轮的基本创新已悄然兴起。这些创新大多发生在家喻户晓的企业中。作为美国历史最悠久、规模最大的企业之一，杜邦（DuPont）正将其大多数产品的原料从石化产品转为生化产品，企业领导人看到了创造新产品所带来的机遇，能减少对传统的石油及天然气的依赖。2007年，可口可乐与世界自然基金会建立合作关系，其目标就是返还"饮料及生产中使用的每一滴水"，即公司将会保持用水和补充水的平衡。从1988年起，耐克（Nike）已经将其碳足迹①减少了75%。时任耐克女子健身装业务部总经理的达茜·温斯洛（Darcy Winslow）说："为了做到这点，我们不得不彻底地重新思考如何设计、生产并销售我们的产品，以及如何在其生命周期结束时回收这些产品。"

美国绿色建筑委员会等行业团体建立并推广包括能源与环境设计先锋建筑认证体系在内的一系列措施。企业和政府机构也分别采取了类似措施。在所有这些例子中，人们学会在各自组织的外部寻求盟友，尽管长期利益的实现需要勇气、一路适应和学习

---

① Carbon Footprint，是指一个人的能源意识和行为对自然界产生的影响，简单地讲就是指个人或企业"碳耗用量"。

的意愿，但是短期利益往往超出预期。

IBM、美国铝业公司（Alcoa）和沃尔玛在内的各类企业从减少浪费及能源使用量中实现了大量的成本节省。除了实现成本节省外，还能实现收入，如好市多（Costco）及沃尔玛等主要零售商现在都对那些能展现可持续能力的供应商青睐有加。最为重要的也许是，那些富于远见的企业——如何建设包含生态原理并显著减排温室气体的基础设施或产品线——最终将决定着其所在行业的未来。丰田、本田、索尼、通用电气、壳牌以及其他许多企业正以这种方式重新调整方向。

但是，在许多行业中并没有明确的变革指导方针，这需要管理人员去发现如何平衡技术及运营变革的长远规则与短期业务的日常需要间的关系。没有人能独自承担这一重任，这意味着需要从与他人沟通开始，并以此结束。对于某人而言显而易见的事物对于其他人而言可能难以理解。鉴于涉及巨大的不确定因素及风险，唯一不可思议的就是我们将这种沟通不畅视为不可思议。可持续发展的创新者必须学习如何促进交流，从而建立相互了解并培养合作的能力，它们将塑造一个完全不同的社会，一个有别于"攫取—制造—浪费"的工业时代社会的世界。

（本文写于 2009 年 11 月）

开放式创新的七项原则

2010 年年初，美国《快公司》（Fast Company）杂志评出 2010 年度世界最具创新力公司 50 强，深圳企业华为、比亚迪赫然在列，这是前 20 名中仅有的两家中国企业。纵观 30 年来中国公司的成长轨迹，在各种不确定性之外，创新能力是一大批非垄断企业得以迅速发展的核心竞争力。无论是技术、体制还是运营层面，缺乏创新的公司，在不成熟的中国市场被淘汰的概率是很高的。

从全球范围来看，在过去 10 年里，为了更广泛地吸收创意、加速创新，更好地掌握顾客需求、把握市场机会，"开放式创新"应运而生，IBM、宝洁等公司为开展"开放式创新"提供了典范。根据对这些企业的观察，我们发现了使"开放式创新"更具效率的七项原则。

从领导做起

最优秀的 CEO 都会形成一种领导力理念，这种理念既全面又与公司的战略需要直接相关。2000 年，当时宝洁 CEO 雷富礼

（Alan G. Lafley）建立了"联系与发展"（Connect + Develop）的开放式合作战略，审慎地推行与外部创新者甚至部分竞争者之间的信息共享和项目联合开发，宝洁的高级管理层都积极投身到这个项目中。

与顾客合作

开放式合作的标志之一，是它提供了将顾客的意见融入新产品开发的办法。1988 年乐高（Lego）的专利权到期后，这家丹麦玩具制造商允许顾客从乐高的网站下载软件来制造自己喜欢的玩具，还举办了最佳设计竞赛。如今，世界各地的乐高迷们利用乐高网站提供的虚拟工具来设计个性化的 3D 玩具，并在线购买这些玩具，还可以互相交流，共享设计创意。

互信和开放式沟通的文化

开放源代码软件的成功离不开高度的互信，至少是大家齐心协力消除了不信任感。比如，当 IBM 进入开放源代码世界以后，IBM 通过论坛、维客和其他网络，使研发者能够较早地与更大范围的人取得联系。公司有成百上千的项目，可以让公司以外的顾客、竞争者以及其他有兴趣的设计者参与进来。每个项目都充分利用规模庞大的开放信息团队的智力成果，以分散和摊薄软件产品的开发成本。

持续改进催生创新

随着 20 世纪 80 年代流行的品质运动的衰落，当时采取的某些品质提升措施进展较慢，使得一些追求立竿见影的管理者开始嘲讽持续改进，认为它只是迫于线性管理的产物，见效缓慢，官僚主义。而开放式合作赋予持续改进一个新的特性，那就是可以催生创新，正如宝洁的雷富礼所说的，"将一个新想法转变为收入和利润"。

融入公司业务的各个方面：开放式合作依赖于社交联系体系，以及智力财富在公司员工和外部合作者之间的快速共享。这就要对哪些想法可以采纳而哪些不能采纳当机立断，作出即时决策，更意味着要将公司的开放式合作融入到业务的方方面面。

培养沟通技能

在开放源代码环境下，有效性就意味着影响力。想要积极投身开放式合作的工程师必须逐渐打造自己的公信力，而回答媒体提问或者消除软件漏洞都是可行的途径。他们还必须开发友好的个性化界面来处理即时、直接的反馈信息。宝洁就很注重培训员工的沟通技能，公司制定了 40 多条准则，内容涉及工作流程、谈判、联盟管理等。宝洁在培训中还对员工与合作伙伴相处过程中可能遇到的问题开展了情景表演或情景录像，并对员工的表现予以评论。

及时评价与奖赏：开放式合作团队中都是精英，要给他们提供反馈和奖赏就必须跨越公司界限，这就给薪酬激励的有效性和传统的员工评价机制带来了新问题。这种开放源代码价值观和公司薪酬激励之间的紧张情况时刻都在 IBM 上演，主要集中在个性化激励和上级评价等方面。相对于传统的软件开发模式，在开放源代码环境下，企业应当更多地从长期的角度来考虑人力资源管理。

在中国企业中，其实也有暗合开放式创新原则而获得成功的例子，招商银行就是其中之一。招商银行之所以能从银行市场竞争之中突破重围，就是因为它一直把产品创新、服务创新、管理创新融为一体，采取始终比竞争对手先走一步的策略。这种创新思维和管理战略值得许多公司借鉴与学习。

（本文写于 2010 年 5 月）

高效创新公司的五个特性

我们在海外的一项创新调查发现，高效创新企业公司具有以下五个特性。

增长和创新战略保持一致

最具创新效率的公司其创新战略和公司战略保持一致。我们发现致力于成长并投资创新产品的公司确实可以增加创新投资回报，但仅是创新那些对公司战略非常重要的产品目录中的产品，优先项之外的高风险项目会降低创新回报。我们也发现领先的创新者同时进行几个可替代的企业增长平台，如"创新"已经成为宝洁的企业命脉。在已经卸任宝洁 CEO 的雷富礼看来，宝洁正是通过不断创新来吸引和满足消费者，通过给更多的消费者提供更全面的服务来实现企业的成长。近十年来，宝洁的内源性销售增长以及宝洁的利润增长，都是由创造性的新品牌、新产品带来的，比如"汰渍"、"佳洁士"和"帮宝适"。

实行组合管理

　　企业的资源是有限的，因此如何高效合理地给其研发项目分配资源是企业面临的重要课题。组合管理是跨职能的能力，能以全局视角去看待整个项目组合，强调在选择标准、评估、决策、管理以及项目之间取得平衡。新产品的组合管理是一个动态的决策过程，在此过程中，新产品会被评估、选择和优化。良好的组合管理会在多重准则、规模、细分、种类、开发时间和风险中取得平衡，而做得不好的组合管理在其评估中，不大可能考虑资源限制、净现值、战略适宜和平衡。宝洁施行的聚焦创新对其业务组合产生了直接影响。宝洁把大多数的食品和饮料业务出售出去，专心做那些擅长创新的产品。事实证明，由于缩减业务组合，宝洁可以更加轻松地投入资源和人力，去建设一个大规模的创新文化。

保持良好管理

　　好的创新者非常留意消费者的建议，他们随时随地收集创意。最有效率的公司让尽量多的创意进入，在预开发阶段有很高比例的项目组合。然而，当进入重要的投资阶段时，一流的创新者会做无情的清理，只让极少的项目进入到下一个阶段。由于在后面的阶段较少有那些后来证实无法成功的产品，更好的创新者也有更快的时间进入市场。

让市场助力创新

成功的创新通常会让市场来开发和测试更多的产品。传统的市场研究通常不能准确预测哪种产品会获得成功。过分地关注市场调研会增加进入市场的时间，并会导致不必要的微不足道的创新。一些成功的创新者开发出许多新产品并让其进入市场由消费者决定成败。这个战略依赖于对新产品投放市场早期市场反馈的有效评估，以及快速地否决掉不好的创意并扩大成功产品的影响力。

坚持组织纪律

最后，最成功的创新者有一个健康的组织和流程纪律。和已定义的战略和评估准则一致，他们把小的不重要的项目拿出去，冷静地进行新项目组合管理，并不由单一的职能部门控制。苹果某位前任高级技术部高管认为，乔布斯在团队中引入的凝聚力和纪律观念，是苹果设计方面成功的关键。而在宝洁，产品创新过程不再被称为研发，而是称为"联系与开发"，即在开发过程中要加强跨技术、跨学科、跨地域和跨业务部门之间的联系。正是由于这种结构和流程，宝洁超过50%的创新来自公司外部，它们给宝洁带来了数十亿美元的营业收入。

（本文写于 2010 年 3 月）

苹果的组织创新

苹果 2011 全球开发者大会 6 月在美国拉开序幕，当时正在休病假的苹果首席执行官史蒂夫·乔布斯（Steve Jobs）亲自主持大会，并且介绍了全新的 Mac OSX Lion 操作系统和 iOS5 系统，还将苹果最新的云服务 iCloud 称为苹果的"下一个伟大远见"。

正是一个个"远见"让苹果的市值一举超越微软和英特尔，成为全球最具价值的科技公司。在《商业周刊》评选出的"世界最有创新力的 50 强公司"中，苹果公司排名第一。

从产品层面上来看，苹果产品之所以能引发"苹果粉"膜拜狂潮，关键在于苹果的研发创新能够细致入微地洞察消费者的内心。而真正的变革绝不局限于产品创新，而在于把新产品、新技术和强大的商业模式恰到好处地结合起来。今天，我们暂且不谈产品和商业模式创新，还是看看是什么支撑着苹果的创新吧！

在苹果内部，乔布斯一直通过每周数次例会来向员工灌输一种责任制文化。每周一，他与公司执行管理团队总结近期重要项目并商讨战略；每周三，他主持市场营销和公关部会议。架构简明意味着责任清晰，他在 2008 年曾向美国《财富》杂志解释说："每周一，我们回顾整个公司运转情况，了解正在研发的每件产品的进展。虽然每周例会上的讨论事项有 80% 都与上周情况相同，而且在苹果内部，没有太多的流程，但这种例会是少有的需要坚持的制度。"从产品设计角度来看，让每位一线设计师直接获取管理层的反馈堪称杀手锏，他们不仅可以根据中肯建议对产品进行改进，更能够在偏离轨道时及时觉醒。

这种责任制文化也在苹果内部自上至下融会贯通，以至于公司上下从来没有因责任不清晰而产生任何混乱和疑惑。苹果内部还为这种责任人起了名字——DRI（直接责任人）。DRI 的名字通常会出现在会议日程上，这样每个员工都清楚各项事件的 DRI 到底是谁。在苹果，如果有人找某一项目对接人，你一定会听到他问："谁是 DRI？"

当然，苹果的核心产品发展趋势具有很强的保密性。据说在苹果公司，只有一小群人与乔布斯近距离接触过，这些人被称为 Top100。每年乔布斯都会召集这些人进行为期三天的秘密会议，主要商讨公司战略和产品创新。这些 Top100 无须将秘密会议列在日程表中，也不能向公司同事提及，甚至不能独自开车前往——统一由公司班车送去。Top100 会议是乔布斯的重要管理手段。通过这类会议，乔布斯和其他高层得以明确公司发展方向，与 Top100 们分享他个人对企业发展战略的思考。

除了责任分明，组织简明也是苹果管理架构的核心所在。它们没有执委会，只有首席财务官才会有 P&L（盈亏表），或者说只有他才为影响收益或亏损的成本和支出负责。这也是苹果与其他公司的不同所在：多数公司将 P&L 看作是经理工作表现的最终考核指标，而在苹果，这些效益指标只是首席财务官需要考虑的。这就成就了更易于想法分享的指挥控制结构。乔布斯通常将苹果和竞争对手索尼作比较。他认为索尼的分支部门太多，所以它们造不出 iPad，苹果则相反，部门少，承载的功能多、效率高。

在苹果，"说不"与"说行"一样可贵。一位最近刚刚离开苹果的经理回忆说："乔布斯不止一次说过，学会放手是一种能力。"这对于一个 3200 亿美元市值的大公司来说绝非易事。很显然，这种聚焦能力已经成为苹果最核心的能力。正如在摄影时，为了突出目标物体，往往需要配备一个长焦镜头来对焦目标，虚化背景。同样，战略聚焦也需要配备镜头，企业要透过它来审查自己的业务。这种镜头可以是企业擅长生产的产品种类，也可以是表现出色的产品品牌，或者是经营良好的地区市场，以及服务于公司产品和品牌的统一平台。

自 2008 年 7 月乔布斯正式在 iPhone 上开辟 App Store 及与开发者三七分成的商业模式，这一科技史上从未出现过的新生态模型就在以变魔术的方式吸引全球目光。在过去十年里，为了更广泛地吸收创意，加速创新，更好地掌握顾客需求，把握市场机会，"开放式创新"应运而生，IBM、宝洁等公司为开展"开放式创新"提供了典范。当 IBM 进入开放源代码世界以后，IBM 通过论坛、维客（Wiki）和其他网络，使研发者能够较早地与更大范围内的人取得联系。公司有成百上千的项目，可以让公司以外的顾客、竞争者以及其他有兴趣的设计者参与进来。

（本文写于 2011 年 8 月）

企业要克服创新贫血症

　　创新日益受到中国企业的重视，企业纷纷增加研发投入希望促进业绩增长。然而，管理层需要认识到，创新投入越多不一定能够直接转化成销售、市场份额和利润的增长。比如辉瑞制药（Pfizer）自2003年以来每年有超过70亿美元用于投入研发，但收获并不明显。与此相反的是，有些公司花较少的钱却设计出了伟大的新产品，比如苹果公司，销售额的5.9%用于研发，此值低于行业的平均值7.6%。在医疗卫生行业，博斯公司曾做过一个多年的研究，对象包括了该领域主要的跨国企业，研究表明创新的高效性与企业规模、研发投资的多少没有什么关系。事实上，创新表现最好的企业，其相对的研发支出比其他统计企业少。创新表现最突出的企业（这些企业在新产品研发投入上利润最高），研发支出和销售平均比是4.8:1，而最差的企业是5.9:1。

　　创新要有利可图，并不能单单靠大把的银子投入。大量资金的投入只会造成对原本利润空间就狭小的项目的资源浪费。创新贫血症的解决方案不是增加投入，而是提升投入的效率——增加创新投入回报，提升公司的投资收益率。

　　我们可以运用ROI2方法，即创新投资回报，作为创新效率的分析工具，用来解释为何有的创新成功，有的失败。博斯公司基于过去几年对快消品、医疗以及化工行业公司的一系列的创新研究，开发出了这个分析方法。ROI2 与企业增长直接相关，并把创新支出与财务业绩挂钩，这样可以促使决策者决定进行能够产生更高和更稳定回报的创新和科研。ROI2 分析把研发流程分为几个基本部分，用一系列简单的检索数字来代表，并把这些组成部分放在准确符合公司战略的产品组合中。建立在这个标准上的分析（创新效率曲线就是由此产生）显示了为何许多公司没有达到期待的结果。

绘制效率曲线时，根据创新项目的财务回报标出创新项目的年度支出，用预期的内部回报率进行计量。这意味着这条曲线包含了这个公司正在进行的每个项目。曲线上的每一个点代表特定项目的创新投资回报，曲线下方的区域代表公司的年度创新投资的总体预期回报。曲线的高度准确地反映了创新能力对于产生回报和企业增长的力量。曲线越高，代表创新投资回报的整体收益越高。曲线的形状和高度，反映了一个公司最终可以期待从其创新投资中赚多少钱，以及这些投资能给企业带来多少增长。

我们发现，大多效率曲线由三个不同的部分组成：

"一垒安打"——几个一般不能被复制的高回报的项目。这些可能是对受众极广产品的创新，或是对现存产品极小的、不那么昂贵的改变就能显著改善其功能或是便利性的创新。

"健康的创新"——可靠项目的中间区域，其提供创新的大部分回报。这些是温和且受尊重的"安全打"，来自于公司大多数的产品和服务组合。

"尾部"——低到没有回报的不应该保留在产品组合中的项目。很多公司拥有很长的创新尾巴，这就反映了它们更容易把更多的钱投入到新产品开发序列，而非那些能够有效改善的产品序列。企业领导人可以通过效率曲线找到改进的空间。

但是，许多公司的领导人即使试图改善公司创新绩效时，创新效率曲线仍然保持不变。比如，单独增加研发支出不仅不会增加投资回报，反而令其降低。这些公司在超过其最低回报点时停止支出，把钱扔进更边缘的项目，在这种情况下，研发支出的进一步增加仅仅延伸了效率曲线的尾部。创新效率回报缩水的事实解释了为什么研发投入增加，但是销售却不增长的问题。这些公司一味地增加创新和产品研发投入，却没有改变能够真正影响创新投资回报率的流程、结构和能力。

（本文写于 2010 年 6 月）

你是"连贯创新者"吗

　　为什么某些企业能够具有独特的见解，不断地创新并向市场推出具有丰厚利润的创新型产品和服务，而大多数的企业却在苦苦挣扎？问题并不在于研发投入的多少。根据博斯公司第六次年度"全球创新 1000 强"研究发现，财务绩效与创新投入（无论是以研发总额还是以所占收入百分比计）之间并无明显的关系。

　　真正起作用的是人才、知识、团队结构、工具和流程（即所谓的能力）。获得成功的企业能将这些加以融合，为其创新提供支持，从而创造出能借此成功占领市场的产品和服务。在最新的研究中，博斯公司发现，能力与业务战略相一致的创新企业，在多项财务指标上一直遥遥领先于竞争对手。

　　那么，企业如何利用独特的创新战略来创造产品并推向市场？

战略与能力

　　纵观十余年来全球创新 1000 强企业的研发投入，在最近一两年内首次出现下降。具体数据从 2008 年的 5210 亿美元下降为

2009 年的 5030 亿美元，降幅达 5.3%。显而易见，全球经济衰退所带来的负面效应并未在 2008 年中展现出来，却在随后的创新活动中凸显。然而，经济的衰退，对企业如何明智地利用可动用的研发资金提出了更高的要求。

值得注意的是，从实现持续而卓越的财务业绩这一角度看来，并没有哪种战略特别突出。当然，在同一种战略类型下，会有个别企业的表现优于其他企业。各类战略的成功，取决于在追求创新的过程中，企业的创新战略与业务战略相结合的紧密程度，以及在直接了解最终用户需求时的尽力程度。而那些根据独特的创新战略来精心构建创新能力，并将其与企业内部其他的能力和整体业务战略相结合的企业，将能够从创新所投入的资源中获得更优异的回报。

创新能力使得企业在创意、项目选择、产品开发和商业化等研发价值链的各个阶段中都能发挥出特定的作用。在此前提下，博斯公司研究了采用不同创新战略的企业组中业绩最为出色的 25% 的企业所侧重的能力，更为深入地了解企业的创新战略需要努力的方向（见图表 8）。

最新的"全球创新 1000 强"调查发现，几乎每一家成功企业都采取了以下三种基本创新战略中的一种：

需求搜寻者——这种创新战略能够积极地直接携手现有客户和潜在客户，根据对最终用户的非凡了解，创造新的产品和服务，并努力成为市场先行者。

市场阅读者——这种创新战略能够仔细地观察客户和竞争对手，主要致力于通过渐进式的变革和利用经认可的市场趋势来创造价值。

无论是被划分为需求搜寻者、市场阅读者还是技术推动者，各类创新战略业绩最出色的企业，均有一系列公认的关键新能力；但各种战略看重的能力又各有不同，例如对于市场阅读者而言，资源需求管理和供应商合作伙伴参与最为重要。

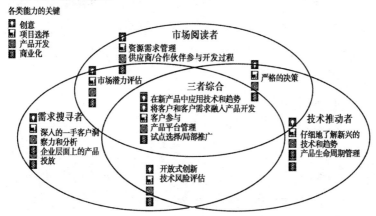

信息来源：彭博社数据，博新公司 2010 年全球创新 1000 强研究

图表 8　各战略的特定关键能力

技术推动者——这种创新战略能够遵循其技术能力所建议的方向，利用对研发的投入来推动突破式的创新和渐进式的变革，致力于通过新技术解决其客户尚未清晰的需求。

需求搜寻者

众所周知，善用创新能力能使得企业在创意、项目选择、产品开发和商业化等研发价值链的各个阶段中都发挥出特定的作用。在此前提下，需求搜寻者的独特战略是探知消费者的需求和期望，随后开发能满足这些需求的产品，并抢在竞争对手之前将这些产品推向市场。

需求搜寻者通常在项目选择和产品开发的过程中继续保持与客户间的联系。在这两个阶段中，关键能力分别是市场潜力的持续评估以及与客户共同改善其产品在现实世界中的可行性。在商业化阶段，需求搜寻者重视试点用户项目和全球范围内的产品推出，将这两项能力视为与客户保持联系的关键，即使是当它们加大销售力度，实现首先面市的价值最大化时也是如此。

市场阅读者

这种创新战略更为谨慎地跟随客户的脚步，偏向于渐进式的创新并关注竞争对手的创新情况。它们的目标是确保成功地带来差异化的产品和服务。市场阅读者还密切关注能协助它们实现这种差异化的技术趋势。这一战略的成功取决于管理人员是否能确保在合适的时间推出合适的产品。因此项目选择的初步阶段十分重要：在这一阶段中，关键能力包括预计并规划项目的资源要求，严格地围绕产品组合进行权衡选择。

技术推动者

技术推动者则以不同的方式开始创意阶段，利用其技术实力开发产品。因此，创意阶段对于此类企业而言至关重要。它们必须采取开放式的创新流程，尽可能多地获得潜在的思路。它们还必须不断地研究市场，发现有助于进一步推动新思路的新技术。此外，技术推动者必须确保其技术人员具备时间发挥创意，这也正是谷歌著名的"70－20－10"原则的基本原理。该原则要求工程师用70%的时间执行与核心业务相关的任务，用20%的时间开展相关的项目，用10%的时间进行自己的创意理念的发展。而鉴于产品的性质，技术推动者必须在商业化阶段严格地关注两项关键能力：试点用户选择/局部推广和产品生命周期管理。

创新的侧重点

采用不同战略所需的不同能力形成了系统化的技能、流程和工具，企业必须关注于这些能力，才能在创新的各个阶段取得成功。而与苹果、谷歌、施乐、伟世通和西门子等最佳创新者形成鲜明对比的是，"全球创新 1000 强"企业中表现最差（最后 25%）的企业，对这些最重要创新能力的关注度并不够。

无论采取的是哪种战略，表现不佳的企业指出三种普遍的能力十分重要，分别是早期的客户洞察力、项目选择阶段对市场潜力的评估以及在开发阶段让客户参与。尽管上述三项能力均涉及以客户为导向的要素和以市场为导向的要素，但这并不足够。这些能力需要与对新技术发展情况的了解、密切关注于产品平台管理等更为独特的能力相结合。值得注意的是，表现不佳的企业在能力交集上有着明显差距。这意味着在构建其所需的创新能力体系时，这些企业目的性不强。可见，缺乏重点是表现不佳的主要原因。

分析显示，尽管大多数企业在创意、项目选择和产品开发等阶段中的关键能力执行情况相对较好，但在商业化阶段的表现却有所欠缺。高管们一致同意，有三种以客户为导向和以市场为导向的能力最为重要，即在创意阶段积累客户洞察力、在选择阶段评估市场潜力和在开发阶段与客户共同合作。但对于将产品引入市场所需的能力，大家却莫衷一是。显然对于大多数企业而言，创造创新型新产品的能力和将产品成功推向市场的能力间，还存在着不小的差距。

与此同时，该调研报告也关注着这样一个问题：为什么丰厚的利润率与较高的连贯性紧密相连？事实上，对于那些能够发展和完善出一套相对连贯的创新能力并将其与内部类似的独特能力相结合，从而实现创新战略与企业整体战略相结合的企业，博斯公司称其为"连贯的创新者"。这些企业能获得一种"连贯性收益"，连贯性位于前1/3的企业的利润率比后2/3的企业平均高出22%，且连贯的企业的市值增长率也高出18%。企业的连贯性越高，获得的成功越大，越能够因实现真正的差异化而产生更高的利润率（见图表9）。

"全球创新1000强"中，整体连贯性排名居于前1/3的企业，即那些侧重于少而精的创新能力，并将其与创新战略和企业战略相结合的企业，表现优于较不连贯的同行。

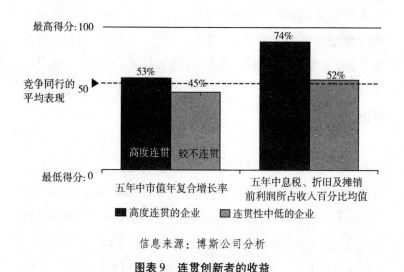

信息来源：博斯公司分析

图表9 连贯创新者的收益

　　事实上，对能力的正确认识能够使企业将精力和资源集中在最重要的方面，而不是将其分散在许多次要的能力上。侧重于那些与整体战略相适应的关键能力的企业，通常能更有效地开展创新并将创新成果推向市场，在推进盈利增长的同时削减相关的成本。苹果公司就是一个典型的例子。

　　总体来说，针对特定市场中的产品设计、开发和销售工作，企业需要侧重于那些发挥着关键作用的差异化能力，以及超越竞争对手的先决条件，才能获得傲视群雄所需的连贯性。而这正是创新和企业战略的根本所在。

（本文写于 2011 年 7 月）

第五章

营销与销售

减法营销

俗语说"少即是多"。多数企业不愿减少产品数量，因为它们害怕在与竞争对手的角逐中丢失市场。但是精心的修整会降低成本、增加销售、提升消费者的选择体验。有研究机构做过一个实验，发现当客户走进商场里选购果酱时，有 24 种口味的果酱比有 6 种口味的果酱吸了更多人，但那些只留意 6 种口味果酱的顾客在挑选产品时效率更高。

这种实验结果不由地让经营者感到迷惑：面对日益增强的顾客力量，我们应该怎么办？是用传统的促销和广告进行更加强势的营销，还是重新考量顾客的需求，去繁为简？

锁定真正需求

传统的推/拉式营销基本理念是"顾客就是上帝，企业应该识别顾客需求并制造满足顾客需求的产品"。传统观点认为顾客是企业营销活动的受众，因此，企业会采取大规模的促销手段来迫使顾客购买。

在过去，推/拉式营销策略的法则一直很有效，因为顾客往往无法作出很好的决策，而且很容易受到企业促销的影响。但现如今的情况不一样了。

人们喜欢选择——当看到满货架的花花绿绿的包装时，顾客会为之兴奋，因为可以把这其中的任何一个都买回家去，他们可以在所购物品上具有更大的控制力。同时，可供选择的品种越多，买到满意的产品的可能性越大。简言之，他们相信，选择越多，购物越享受。

诚然，为消费者提供更多选择是商家毋庸置疑的行动法则。1949 年，零售商的平均库存仅有 3700 件产品，而如今的超市平均能提供 45000 种商品，沃尔玛的产品甚至多达 10 万种。更不用说网络商家——仅亚马逊（Amazon. com）就有 2700 种万图书在线销售。

但选择数量的爆炸性增长为消费者选购增加了难度，丝毫没有让顾客的选择心理得到满足，因为他们过高估计了自己支配选择的能力。心理学家研究发现，人们很难清楚地分辨并比较 7 种以上物品的属性和品质。铺天盖地的选择只会让人无所适从，结果导致它们要么放弃多数，选择最熟悉的品种，要么选到最后发现自己的选择最糟糕。

这种"选择过度"的负面效应还在其他情况下发生。因为，顾客一再强调，需要更多选择，而商家为满足顾客需求就一味扩展产品和服务种类，其实这样做往往适得其反。

可见，商家应该尽最大努力满足客户的真实需求，而不是满足他们所声称的需求。当客户说它们需要更多选择时，他们往往是想要一个更好的选择经历，想要体验挑选的过程。

化繁为简

俗语说"少即是多"。研究人员发现，少而精的品种可以帮助客户迅速锁定购买范围。

多数企业不愿减少产品数量，因为它们害怕在与竞争对手的角逐中丢去市场。但是精心的修整会降低成本、增加销售、提升消费者的选择体验。上世纪 90 年代中期，当宝洁公司下架了最不受欢迎的产品，从其 26 种去头屑洗发水中精选出 15 种时，其销售量随之增长 10%。

如果商家还在费尽口舌给客户推销、为雇员讲授所提供产品的区别在哪里，那么是时候考虑做些减法工作了。一旦游说并不能带来销售的增长，锁定目标人群及在线网络可以帮助商家作出区分。潜在的客户应该会对产品性能给予极大关注，他们很清楚产品的哪些特质吸引了它们。如果客户的反应很模糊，没有任何购买意向，那说明你所提供的选择不够清晰，应该重新组合。

此外，也可以通过分类实现较好效果。酒品零售商 Best Cellars，通过与品酒家的提前沟通咨询，为客户的挑选过程带来了极大的便利。Best Cellars 根据品酒家的建议只选定 100 种高品质酒。对于新手来说，100 种酒是一个庞大的选择范围，Best Cellars 将这 100 种酒划分为诸如"多汁"、"甘甜"等 8 个简单类别，新手只需要根据这 8 种简单的信息分类进行选择。一旦新手选择了某一个品类，就能够根据酒瓶上的标签说明在该品类中挑选。

（本文写于 2011 年 1 月）

捍卫品牌，从信任做起

在多变的商业环境中，信任显得尤为重要。回归产品和服务、提高透明度、建设多元化团队和让顾客参与创新，可以帮助企业稳固品牌信任度。

品牌是企业的灵魂，企业需要根据利益相关者之间的需求，不断沟通交流从而推动其发展。要在变幻莫测的商业环境中做到这一点，信任显得尤为重要。如今，随着网络的普及和市场的成熟，消费者逐渐能够一窥营销策略的真貌，他们不会再无条件地信任某些品牌。因此，如何与员工和顾客建立信任成为重要课题。企业不能一味地声称自己的品牌有多么好，而应使产品或服务附以相应内涵，不断履行对消费者的承诺，从提高企业的开放度做起。

20 世纪 90 年代以来，电脑游戏逐步风靡。丹麦老牌玩具商乐高集团未能适应这种新趋势，仍然只通过营销手段的创新来强化品牌。这使得乐高品牌的光环黯然失色，顾客对其品牌内涵的理解越发模糊，公司员工对保持品牌活力也深感力不从心。乐高逐渐意识到，企业品牌不能仅靠营销部门来打造，而是整个公司在与客户和利益相关者接触的过程中逐步建立起来的。于是，从 2004 年开始，乐高强化了与利益相关者的密切联系，充分利用各种潜在的小机会，让他们积极参与到乐高的品牌建设中来。比如，允许顾客改动公司产品，邀请热心顾客到公司总部与设计师一起开发新创意，CEO 经常与利益相关者直接沟通等。通过不断提高公司的开放度，利益相关者特别是热心顾客成了公司创意的源泉，乐高也因此捍卫了品牌知名度。

具体来看，以下方法可帮助企业稳固品牌信任度。

回归产品和服务

企业所提供的产品和服务是与顾客沟通的直接方式。虽然有些公司广告做得天花乱坠，公关活动热火朝天，产品设计和包装也精美华丽，但顾客最关心的还是产品和服务的实质内容。与客户接触最多、对客户了解最深入的往往是一线员工，但通常情况下，企业的客户管理、产品定价、营销和创新都由高层决定，自上而下贯彻执行。丽兹·卡尔顿酒店（Ritz Carlton Hotel）的做法完全相反，它给接触客户的一线员工作决定的权利和义务，让他们有很大的自主空间来满足和预测客户需求。酒店员工可以当场处理客户的投诉，并有权在公司规章制度下对消费者的不便和损失进行适当赔偿。

提高透明度

目前，很多人在社交网站及博客上发表自己的观点和言论，因此，社会大众逐渐都能透过表象看清广告或者品牌背后的实质性内容。公司应当不断提高透明度，以应对这种变化。

建设多元化团队

品牌并不是单靠品牌经理就可以控制的，这种控制权日益被公司的客户和员工所掌握。一些公司老板和学者往往认为，营销手段可以在一个"真空"的世界里筹划和实施，但现实却给他们浇了一盆冷水——品牌是由高度多元化的团队打造的。企业要在内部培养合作精神，建立跨部门的联系，主要的财务和运营标准也需要改变。各个层级、部门的员工都需要对消费者需求有深入理解，这样才能为消费者提供最好的服务和消费体验。

让顾客参与创新

今后，品牌在开放性方面将会有越来越高的要求，企业不应仅将顾客看做产品或服务的使用者，还要将顾客视为产品和服务创新以及企业价值创造的重要源泉。为了更好地使顾客直接参与产品和服务的品牌化过程，品牌经理必须善于倾听、分享和博采众长，对市场行情进行追踪研究。

需要强调的是，品牌化的新趋势并不要求企业全盘推翻以往的运作模式，而是要勇敢尝试，以一种开放的心态，在实践中不断摸索适合自己的最佳战略和企业文化。

（本文写于 2011 年 1 月）

90后：互联网时代的消费主力

十年后，一群年轻人无论是在家里还是走在路上，都能通过便携式数字设备（PDD）时刻让自己保持联网状态。他们利用这种设备从网上下载并刻录音乐、视频和其他内容，时刻与家人、朋友以及交际圈子保持联系。这些人生于1990年以后，在发达国家世界中，这群年轻人指该年龄段的每一个人，而在金砖四国，这些人主要分布在城市及其郊区。到2020年，他们将占美国、欧洲和金砖四国总人口的40%，占世界总人口的10%——他们将成为世界上最大的消费群体。

他们一生当中会拥有各式各样的掌上设备，因此总能很快地将它们运用自如，每天使用它们的时间多达6小时。他们对信息技术了如指掌，十分依赖移动通信设备。这些人渴望与由亲朋好友、业务联系人以及志同道合的人组成的庞大人际关系网保持密切联系，这将彻底改变他们的日常工作方式与消费模式。在未来十年里，技术的进步将对这些90后的消费方式产生如下影响。

数字信息的潜移默化作用。人们在数字信息方面的消费呈显著增长，尽管大部分消费信息无法得到核实。海量的有效信息使消费者可以选择自己需要的内容以及个人的消费方式。"非线性"信息消费将成为主流。另外，数字信息的提供量也将呈爆炸式增长。有研究表明，沃尔玛现在每小时要处理 100 多万笔交易，数据库接收的数据量约为 2.5PB。在一项研究中，思科预计互联网流量将翻 10 番，高达 667EB。目前，大部分此类信息都是纯粹的无用信息，但将在不久的未来投入到实际经济应用中。

消费者逐渐意识到，信息透明所带来的好处远远大于其可能造成的损害。随着各种保护和处理个人信息的机制变得愈加严密，人们对个人信息隐私性和安全性的担忧也逐渐减轻。这样，关于人们的处所、在线状态、实际位置、喜欢的交流渠道、朋友圈子、兴趣爱好以及购物习惯等方面的海量信息就汹涌而来。要想取得商业上的成功，病毒式营销和正面的同行对比就必不可少。同时，商业成功又会进一步动摇传统营销和实体店的价值根基，最终将改写品牌价值的概念。

由于人们不再那么关注个人隐私，所以会在许多地方使用诸如个人身份、付款方式、购物喜好、兴趣爱好，以及在社交团体中的会员身份之类的个人信息。90 后将通过众多的数字界面和设备进入自己的数字生活，这是因为他们将生活在一个全面联通的世界中。在这个世界里，各种服务与数据都是在线提供的（即所谓的云计算），而不是由设备来提供的。如今的消费型电子产品已经显示出这样的趋势，如智能手机、iPad、iPod、上网本、笔记本电脑、台式电脑及手表等，这类产品的队伍在今后十年还将进一步扩大。

无处不在的互联网将继续促使零售业进行转变，将虚拟和现实世界更加紧密地联系在一起，并最终以增强型现实世界的形式出现在众人面前，展示出更加详细的零售商品信息。同行对比将成为一种用于实体店及虚拟店铺的实时决策工具，而社交网络对于品牌意识和消费者偏好而言变得非常重要。这将会导致零售商中出现赢家通吃的局面，这一现象在目前的互联网交易中已十分普遍。电子零售商将失去它们的阵地，因为消费者将通过"云"来购买软件和服务，而不再通过电子零售商那毫不起眼的门店。社会媒体技术将被用来进行更深层次的产品创新，而更大范围的互联网覆盖将促使零售商和生产商之间形成新的合作模式，从而推动货币化模式的诞生。

（本文写于 2011 年 4 月）

销售要抓住消费主力军

对消费品企业而言，要抓住市场机会，先要对消费者群体进行细致分析：15 岁以下的独生子女在激烈的竞争中压力巨大，它们追求能带来快乐的消费品和体验；15 ~ 24 岁人群堪称"自我的一代"，他们为在社会中谋求一席之地而不断奋斗，寻求刺激和兴奋的消费体验；25 ~ 39 岁人群是"摩登一代"，他们充分吸收中西方文化、展现个性，对消费品具有很高的鉴别能力，容易接受新鲜事物；40 ~ 59 岁的消费者身心成熟，开始注重科学饮食，追求高品质的消费体验；60 岁以上的消费者年老体迈，消费理念相对保守。

博斯公司的研究显示，40 ~ 59 岁的"成熟一代"将成为消费市场的主力军。根据马斯洛的需求层次理论，在自我实现需求方面，他们需要通过发掘和感受生活来实现自我充实；在尊重需求方面，他们需要调整身心，享受比发达国家人民更为舒适的生活；在归属需求方面，他们渴望改善和享受家庭生活，逐步调整传统的储蓄、置产、帮儿女抚养孩子的生活观；而在安全和生理需求方面，他们更注重保持和提高健康环境，摒弃不良的饮食和生活习惯，期望生活必需品的附加值能够提高。这一主力消费人群必将为以下产品领域带来市场机会。

健康食品和饮品

在该产品领域，中国市场开放度较好，产业发展处于起步阶段。目前该市场的主要参与者为本土企业，市场比较分散，最大的参与者所占市场份额也不超过 5%，且销售以区域销售为基础。

企业若能提供健康的饮食技术，例如提供有机和高效能农产品以及食品加工技术，则有可能把握市场先机；同时，准确的市场定位也不容小觑，也可从中国传统的养生理念入手（如王老吉凉茶就是以此为切入点取得成功的）。

奢侈服装

该产品领域的市场完全开放，产业发展处于逐步上升阶段。随着高收入人群的需求提升，以及城市化带来的二、三级城市的消费需求不断扩大，预计到 2015 年，该市场将达到 500 亿元的规模。同时，该市场也具有分散特点，主要参与者为古琦（GUC-CI）、路易威登（Louis Vuitton）、宝姿（Ports）、芬迪（Fendi）等外资企业，时装产地（如意大利、法国、日本）效应在短时期内还将持续。

随着科技的发展，高科技原材料供应商可在奢侈服装领域大展身手。例如，美国 Gore－Tex 材料就被广泛应用在晚装和男士西装的制作中。此外，商家也可通过创新时装秀来提高品牌知名度。

家用电器

该市场开放程度很高，处于成熟阶段，预计 2015 年将实现 2500 亿元的市场规模。此外，政府对节能电器的补贴以及健康电器的兴起（如光波消毒器）将对市场产生改革作用。目前来看，国内最大的电器厂商占领市场 15% 的份额，前三位占 30% 的份额。

休闲娱乐

人们由"努力工作"到"劳逸结合"的观念转变是休闲娱乐产品兴起的直接因素。该产品领域开放程度高，但处于起步阶段，预计到 2015 年，该市场规模将达到 3600 亿元。该产品市场同样由本土不断扩张的足疗和健身连锁商家所占领。

商家可以将中国传统与现代的放松理念相结合进行产品创新，例如足底按摩、针灸治疗和温泉疗养等。此外，如携程这样的在线旅行代理机构也是商业模式的创新典范。

消费品市场的商业机会业已显现，然而企业若要成功把握，还需注意以下三点：第一，考核自身能力，包括产品定位、市场销售能力、运营管理、品牌形象等；第二，考核并购能力及市场定位优势；第三，充分利用现有资源，如人力资源及风险消化能力等。

（本文写于 2011 年 3 月）

准备好迎接 90 后了吗

在不远的 2020 年，1990 年后出生的孩子已变得成熟，而且人数也在不断增加，那时的世界将由他们来主宰。在未来几十年中，如何满足这个团体将成为企业成败甚至存亡的决定性因素。

正在改变发达国家生活与工作习惯的各种潮流，现在也已开始在新经济体中初现端倪，而且这些国家的数字化进程将大大缩短。由于发展中国家的网络覆盖率越来越高，设备也越来越先进，因此将有一大批尚未体验消费型经济的人出现在已经实现联网的城市中心及其周围。

1990 年至 2005 年期间，全球有超过 10 亿人步入中产阶级，而且这个速度还在不断加快。当然，接触信息技术并不是中产阶级的专利，只是有知识和有经济基础的中产阶级更乐意接受新事物。他们对媒体和其他类别内容的消费将促使媒体行业发生转变。由于采取了先进的技术，这些受众将跳过耗时多年的技术发展，在消费行为上快速达到发达经济体中 90 后的水平。在中国，快速发展起来的中产阶级的亲身经历则将成为其中的典型——生活在城市里的中产阶级每周上网时间近 30 个小时，而看电视的时间只有 12 小时。3/4 的人经常下载音乐，2/3 的人通常在线观看视频，还有将近一半的人会玩在线游戏，更多地使用网络通讯工具。

信息技术的不断进步将在发展中国家中催生出大量技术高超的创新型数字创业者。这些创业者的崛起可能会很大程度上扰乱传统的西方商业模式。这些人将受到大批刚接触网络的受众的追捧，因为他们的新创意能为这些受众带来不少好处，同时也会对固守传统的行业巨头带来冲击。中国城市人口中有 76% 的人已经学会上网，而 61% 的家庭拥有宽带。在目前的重要在线服务中，西方国家只有两项占有世界领导地位，一个是电子商务（德国），另一个则是在线广告（英国）；而非西方国家则在其他几个领域中占有领导地位：宽带（韩国）、社交网络（巴西）、网络游戏（中国）、移动支付（日本）和 SMS 小额交易（菲律宾）。在网络化的时代，发达国家的先行优势并不明显。

所有事物都被数字化会给商业运营模式和工作方式带来同样深远的影响。即将走上工作岗位的 90 后将为工作环境带来的改变之一就是让企业的 IT 类产品继续向消费型转化。博斯公司最近的调查显示，一半以上的 CIO 称在未来 3～5 年里，大部分雇员将会使用个人电脑处理工作，而非公司的硬件资源。由于 90 后更加熟悉信息技术，而且希望与他人的交流是持续性的，因此他们将把雇员的定义慢慢地改写为固定消费者。当然，企业以控制的方式管理员工也会变得越来越困难。

相应地，这种趋势将促进组织机构虚拟化。全天候在线、社交网络化和个人自由需求的不断提升等因素将会进一步消除公司之间的隔阂，而企业生活也将渐渐抛弃传统的等级结构，取而代之的将是把一天内的工作与个人事务混杂在一起的员工按照兴趣爱好自发结成的各种活跃的社交团体。

在未来的 2020 年，大型企业的雇员中将有半数以上在虚拟的项目群组中工作。这些虚拟社区将为非西方文化的员工融入全球化团队和移民到发达国家创造更加便捷的条件。当他们融入全球化团队或移民到发达国家时，随之而来的不仅仅是各种创新性的创意，还有在自己的文化土壤中培养起来的工作方式。全球化和本土化的张力会进一步加剧。

另外，随着交流、互动、协作技术和工具，以及旅行经济的发展和日益成熟，知识型员工的差旅频率将会大幅降低，面对面会晤的机会将仅限于企业的高级管理层，而且商务旅行将会变得非常奢侈。

已有迹象表明，即将走上工作岗位和成为消费主体的下一代们很快会带来一些改变，而人们关于未来变化的思考也在与日俱增。但是，商业人士中很少有人能完全把握每个行业即将出现的商机。90 后员工的到来将带来重大影响，其程度可与当年的工业革命同日而语，只不过 90 后造成影响的速度更快一些。

对于管理者而言，为未来几个季度或未来几年制订计划已远远不够。不愿意制定长期（10 年到 15 年）战略的公司等于是将其运营模式和价值链置于风险而不顾，企业会为眼前的不确定性所困惑，在未来将逐步迷失。企业高管必须现在就开始制定未来十年及以后的日程安排，包括对未来所需企业能力和劳动力的分析。其中关键一步就是确保组织上下所有人员均了解即将发生的变化，且组织结构中有些人已经在感受这些变化，他们不会视这些变化为威胁，而是将它们整合到组织的业务计划中去。这对很多企业来说，将是一个巨大的挑战。组织成员的焦虑和不接受是必然的过程，尽管人们都承认世界瞬息万变，到处充斥着变化，无论是工作还是生活，但很少有人知道如何去变，尤其是主动改变。了解即将发生的变化是第一步，同时努力使组织培养和保持紧迫感，时刻关注竞争对手的动向，将目光投向组织的外部，建立一个开放的、积极应对未来的文化。对固有的业务流程也需要重新审视，以迎合时代的变迁，否则就会失去未来。

（本文写于 2010 年 4 月）

第六章

组织与转型

韧力，中国企业的常青之道

随着中国经济体制从计划经济向市场经济转变，原来相对封闭和固定的市场环境日益开放。而且随着中国经济发展逐渐进入全球博弈的战场，企业的管理环境日益不确定，国内企业比以往面临着更严峻的考验。然而，大部分国内企业却缺乏核心竞争力，发展主要依赖于低劳动力成本，产品和服务以模仿为主，创新不足，客户也相对同质，需求简单。若想摆脱廉价产品制造商的命运，实现从中国制造到中国创造的跨越，由做大到做强，企业家们需审视企业是否具备了真正的能力应对不断变化的环境。

企业韧力打造竞争优势

企业的竞争优势来自于两个方面：一方面结构定位优势，即来自于外部资源的优势，这里可能包括一些政策优惠或者受到政府的保护等等。中国现在的资源垄断性企业，比如电信、能源、金融等，在业绩上有很好的表现（起码从收入或市场份额上来判断如此），都是因为具有这种定位优势。但是，这样的定位优势是可遇不可求的，也无法通过学习成功复制。"今天的蜜糖也许是明天的毒药"，如果游戏规则改变了，比如中国加入 WTO 后，很多行业的管制将渐渐放宽，那么这种优势也将不复存在了，缺乏内部核心竞争力的企业就会被淘汰。而另一方面，竞争优势则来自企业的内部，即通过公司内部的工作流程、体制、文化和领导力等的有机组合，形成组织的综合学习能力，这是企业需要认真修炼的内功，只有这样的优势才是可持续的竞争优势。而这种企业内部的综合协调能力才是核心竞争力。

而且，在一个变化越来越快的时代，执行既定的战略规划变得更加困难，企业必须不断适应各种难以预料的外界变化，随时自我调整，甚至在一个战略展开不久的时候，就需要进行新的转型，形成新的战略思想。当代企业不得不经常性地转换那些基于竞争优势的战略定位。企业一方面需要抓住机会，充分利用现有的战略优势去获取价值；另一方面则需要有前瞻性，看到潜在的机会和各种可能性，并相应地把这些可能性纳入战略的范围内加以考量，为战略定位的调整做好准备。

企业面对市场日益加快的变化速度，不断根据战略因素的变动调整自己的定位，在组织内部建立持续的对外部环境的适应力，以此获得独特的竞争优势。我们把这种在保持远景战略目标的前提下适应连续、间歇性的变化能力称作"韧力"（resilience），这是优秀企业不断保持竞争优势和前进趋势的内在原因。如通用电气、宝洁、可口可乐、IBM 等公司都是在不断适应各种难以预料的外界变化，随时自我调整，才最终成长为今日的优秀企业。

从战略制定到执行、回馈再到新的战略，这样一个循环，都在企业内部完成。所有这些行动和决策的成功与否，都内化于企业这个组织体的能力中。企业自身的属性特征，就好比生物体的

DNA，我们经常谈及的战略、创新、执行力、企业转型等焦点问题，无不深深植根于企业本身的特性之中。如果用组织 DNA 概念定义，主要的组织类型包括七种：消极进取型、时停时进型、过度膨胀型、过度管理型、随机应变型、军队型和韧力调节型。其中韧力调节型企业是最有前景的企业类型，而韧力建立在一套健康的组织 DNA 基础之上。

再进一步，我们注意到，具有韧力的组织有以下特点。

前瞻性

具有韧力的企业始终积极专注可能带来机会和奉献的关键趋势和事件。企业的决策者会设想企业发展的路途上每个转角都有可能发生的"触发事件"。它们未雨绸缪，能够最早意识到危机或潜在的机会。实际上，它们更是时常在面临机遇时抢先点燃战火。它们明确新的规章制度，参与改变组织适应变革，永远保持专注和生产紧迫感。它们打破企业发展按部就班的步伐，因此得以抢先设定在机遇中竞争的下一个行业规范。

敏捷性

企业对于潜在的不测，必须能够自发地、有准备地根据外部市场变化迅速调整自己的能力，或能够对此有正确的预测。在某些情况下，它们可以对一些具体的触发事件有明确的共识，从而确保快速反应。

灵活性

这一点至关重要，这确保企业拥有持久力以及足够的人力和财力来应对变化和把握机会。企业即便已极具前瞻性和敏捷性，还是可能面临意外。而具有灵活性的企业，能够对发生的冲击果断接受并快速反应，这是韧力所具备的至关重要的要素。

创业精神

当商业环境处于稳定时期，企业通过优化和延伸现有的商业模式得以蓬勃发展。而在商业环境存在诸多变数时，企业必须探索、设计和推广新的商业模式，以支持持续的发展。这种创新所要求具备的能力与在稳定时期实施产品开发截然不同。除了投入一些能够维持企业生存而必需的商业模式或产品开发，还需要对创新投入更多。这种对"冗余"的战略性利用使企业具备对未来市场的预先适应能力。

多样性

企业内员工和文化的多样性决定了企业内部对于各种观点的接受程度，这促使企业形成适应不可知未来的创造力。面对经济衰退，公司促进和保持这种多样性的力度是建立企业适应未来的关键决定性要素。

塑造竞争环境的能力

具备韧力的企业能够通过努力构成法规、标准甚至是产业结构来应对商业环境的波动和不确定性。在"9·11"袭击发生后，美国的航空公司极力缓冲这一悲剧对其行业的不利影响，它们通过成功游说政府以提供紧急现金救援和贷款担保，并与监管部门就行业整合和降低税收进行长期磋商。

中国韧力企业不多

在国内，有韧力的企业还是不多。值得一提的是几年之前，万科集团在发布年销售额1000亿元的目标时，董事会主席王石提出了一个这样的问题——"假如万科遭遇中国房地产高增长之后的低谷，该怎么办？"2008年，万科的日子并不好过，但王石却表示，这恰恰是房地产整体升级的最好时期。这些反映出，万科能根据自身情况发展和外部环境的变化而不断进行调整，是一定程度上韧力的体现。

另外一个例子是华为。华为经历那么多风雨，还能持续成长，和其经常加班的垫子文化有关，和狂热渴求业绩的土狼精神有关，也和高投入的研发有关。但为什么其他公司不能复制呢？原因恐怕在于，以上这些特色都是表象，而众多细微个性组合而成的华为韧性，才是真正的制胜关键。

实际上，企业经历的每一次危机都是一次重大提示，企业除了要思考是否应进一步扩大业务，更应该思考自身的商业模式在危机过后是否会受到影响。当中国经济开始转型时，企业自身能否追随趋势，调整业务模式，才是必须思考的问题。分解这些问题，我们会看到一个个熟悉的词汇：战略、转型、执行、核心竞争力等，但在危机中企业所能培养的最重要能力是企业韧力。

（本文写于2010年3月）

飞跃生死劫

2008 年，由于原材料价格上涨、劳动力成本上升、人民币升值以及受金融危机影响，大量的外贸企业面临窘况，很多企业支撑不住而破产。而其中飞跃集团因资金链紧张引发的"破产"传言引发了极大的震动。

位于浙江台州的飞跃集团有着"缝纫机大王"的美誉，其创立人邱继宝利用修鞋赚取的微薄积蓄，几乎是白手起家，历经 15 年的发展，使飞跃集团成长为资产数十亿元的大型民营跨国企业集团。从修鞋匠到位列百富榜，邱继宝塑造了一个商业传奇。

成长的迷失

1982 年，邱继宝办起了一个电器仪表厂，生产喷雾器零件；4 年后，转产缝纫机；如今飞跃集团成为中国最大的缝纫机生产和出口基地，海内外员工达 5000 多名，年产缝纫机 150 万台，产品 60% 出口，销往世界 100 多个国家。

然而正是飞跃集团这样的"飞跃发展"令其步入险途。飞跃集团所在地台州市经委调研后表示，飞跃集团在技术进步、产业升级和国际化等方面投入过大、战线过长。

飞跃集团自创建以来，形成了从产品研发到整机、模具和零部件制造、质量控制、售后服务的一整套完备体系。在缝纫机领域，飞跃集团几乎囊括了所有的产品类型，其中超高速包缝机、绷缝机占世界总产量的50％。

近年来，飞跃集团的发展还延伸到食品、机械、箱包等领域。2002年，飞跃集团再斥巨资进入中央空调、纺织机械产业，志在发展成为集科研、生产、国际贸易为一体的跨国经营的大型综合现代化企业集团。目前，飞跃集团已有包括飞跃股份有限公司、飞跃进出口有限公司等近10家以邱继宝为法人代表的公司，18家海外分公司，22家国内销售公司。

2008年以来，能源、原材料、劳动力等要素价格持续攀升，企业成本压力骤增；又因全球经济形势衰退，直接导致国际需求下降，飞跃集团的海外订单大幅减少，产值和效益受到重大的影响。加之货币从紧政策给企业的资金链带来了很大的压力。飞跃集团的盲目扩张，加剧了成本危机。比如，18家海外分公司的大量本地化人员就是一笔不菲的人力成本。当年4月初，飞跃集团的某债权银行抽走一笔3000万元的贷款，令集团资金链骤紧。此后，传出集团濒临破产的传闻。包括银行、民间借贷者在内，债权人纷纷向飞跃集团逼债。

盲目多元化的恶果

企业家往往因为在某一领域创业成功后而犯"大企业病"，

进行多元化、追求规模。企业快速发展后，多元化有可能提供新的利润增长点。此外，企业长期所在的行业可能会经历产品生命周期的成熟或下降期，影响企业的增长速度。适当扩展业务领域，有助于企业把握新的市场机会和快速增长的机遇，增加企业抵御风险的能力，有助于企业通过协同效应降低运营成本，也可以提高企业的实力，使企业积累更多的管理运作知识，为其今后发展打下坚实基础。

然而，过分追求企业规模、盲目多元化的弊端也显而易见。台湾经营之神王永庆认为："企业规模愈大，管理愈困难，如果没有严密的组织和分层负责的管理制度作为规范一切人、事、财、物运作的准绳，并据以彻底执行，其前途是非常危险的。"过度多元化是企业持续发展的绊脚石，会带来一系列不好的影响，包括弱化核心竞争力及资金链紧缺等致命问题。过度多元化导致企业失败的主要原因，是没有明确发展战略以及核心竞争力，没有处理好业务间的关系，没有发展相应的管理和运营能力。飞跃集团即是如此。

首先会导致管理风险增大。虽然多元化战略看起来像是把鸡蛋放在不同的篮子里，可以分散风险，但硬币的另一面是加宽了管理幅度、加大了管理难度，使得公司管理层对每项业务投入的精力非常有限，在一些战略方向的重大问题上很难有充分的时间和精力进行合理决策。如飞跃集团由于领导层事务过多，沟通不善，使得缝纫机没确认订单就出口，最后因海外库存费用过高不划算，导致所有货品没到岸就被扔下海。

过度追求企业规模，还会使企业有限的资源分散，导致企业资金、人力资源的紧缺，会因资源供给的严重不足而导致企业陷入困境。

飞跃集团试图通过多种经营做大规模，结果却疲于应付。邱继宝就曾表示："我就是太相信规模经济、园区建设、先进装备、新型工业化、国际化万岁、出口万岁……这些东西投入巨大，等你产出的时候，才觉得费用这么大。"飞跃集团的扩张不是建立在生产和销售高速增长、资金充裕、公司盈利能力强等基础之上的，而是一味地依靠借贷方式，盲目追求全球化、多元化，最终出现濒临破产的悲剧。

影响核心业务的发展，降低企业核心竞争力。企业核心能力是企业的一项竞争优势资源和企业发展的长期支撑力。过于宽泛且关联性不强的多元化会分散企业的竞争优势。当企业从事多元化之后，不得不分散资源，这必然会使企业力不从心，也不利于企业集中力量发展原有的主打品牌，使保持品牌信誉的难度加大，对企业的长远发展不利。加之因为在各个业务领域内的竞争力降低，从而在整体上降低企业的竞争力。

飞跃集团因为过度贷款扩张，使资金链十分脆弱。加之各业务间没有互补关系，核心业务、非核心业务定位不清晰，最终使得集团资金链断裂，且不具备实施多元化战略的管理能力，使得企业领导层的管理运营能力无法及时到位，影响了集团核心业务的发展。

许多中国企业都被美国通用电气的多元发展模式的成功所诱惑，但是，通用电气的发展模式是经过长时期的经验和资源的累积才获得成功的，其每项业务都是由具有丰富经验的职业经理人组成的团队来管理的，依据严谨和科学的治理架构、管理流程、组织体系、绩效管理和人才政策来支撑的，完全不像我们许多中国企业在管理资源还未充足、管理体系还未建立、优秀人才还未完善时就开始多元发展，把自己的能力看得太高，而把市场和竞争所带来的挑战看得太低，这是包括飞跃集团在内许多中国企业的毛病。

持续转型塑造韧力

中国已经由物质短缺时代进入物质过剩时代，由卖方市场进入买方市场，加之当今全球经济低迷，中国商业环境正在发生剧烈变化，企业同样面临观念以及组织上的变革暗涌。对于还显得比较年轻的中国企业，如飞跃集团这样的企业来说，目前缝纫机处于微利时代，中国的缝纫机制造行业还处于低技术门槛、高度竞争的阶段。在飞跃集团的利润收入构成中，利润最低的工业缝纫机比重最大，而且还面临着其他工业缝纫机生产商，如宝石、中捷等厂商的竞争。如何面对和把握这个庞大市场莫测的未来，显然需要它们作出更多的转变和付出。

企业转型必须持续进行。"那些最具革命性的、突破性的转型，同时也涉及很多经常性的、细微的创新，因为这些都是相辅相成的。"我们将这种经营的思维模式称作企业韧力，并且将其定义为一种组织内在的去适应不断产生的非连续变化的能力。

管理学专家吉姆·柯林斯（Jim Collins）曾总结道，就像平稳转动的巨型飞轮带来的动力，成功的企业转型都要经历一个过程，在此过程中大大小小的变化接踵而至。

飞跃集团应清醒地认识多元化的功效与风险，敢于面对变化，勇于反思自己，尽早确立企业的财务发展战略，这样才能在其框架内组织和配置资源，专注于与发展战略相关的业务。注重优势产品的发展，集中精力在创新，如技术、服务、营销等方面狠下苦功，尽量收缩规模，集中有限的资源搞好主业，并建立起现代的运营管理体制，才能真正摆脱破产的阴影。

（本文写于 2010 年 8 月）

关注企业的软实力

台塑集团创办人王永庆曾说："人格破产只需要做错一件事。"实际上，"企业人格破产"亦是如此。众所周知，很多中国大公司因"企业人格"受损付出了惨重的代价。企业的领导者们普遍以为做大就能做强，其实，这样的看法有些肤浅，因为企业在建立规模和定位优势的同时亦需要建立软实力。中国企业在发展的策略上，不能只追求硬实力，成为在国内外都受人尊重的企业，也应该在考虑范畴之内。

受人尊重的公司能吸引人才、客户、商机，并且拥有可以改变和影响其运营环境的回旋余地。经过多年对全球企业的跟踪调查，我们发现那些受人尊重的公司并不是仅靠财务实力、结构定位、企业规模等硬实力赢得尊重的，而是在诸如社会责任感、创新能力等软实力上不懈努力使然。受人尊重能加强企业的领先地位，进而建立良性循环，这正是软实力的价值所在。

公司赢得尊重有各种原因，并且不容易被其他企业复制。人们对于通用电气的尊重来自其管理流程，而苹果公司很大程度上则是因为有不断创新的产品而受人追捧。企业赢得尊重需要关注四个主要方面，许多全球领先企业的战略都涵盖这四个方面的因素，它们不会做出非此即彼的选择，而是突出各自的鲜明特点。每家企业都需要培养自己独特的优势组合，模仿是不能奏效的。

在管理手段和领导力上创新

宝洁在业界被视为"人才工厂"，企业的声誉吸引了最优秀人才，企业充分利用这些人才，并且为那些寻求新机会的离任员工建立"校友"人脉网络。中国等新兴市场受持续增长的推动，对人才需求不断增加。对于一些中国企业来说，应该抓住机遇以确定如何成为人才培养和领导力创新方面的领头羊。

维持与消费者的关系和获得消费者的信任

有的优秀企业已与客户之间建立信任，它们在业内是众所周知的消费者利益的拥护者，提供物有所值的产品或者高品质服务。中国企业应当把握时机，进一步巩固目前的客户关系，清晰地表达向客户承诺的意愿。成功的核心是员工应该知道如何处理棘手问题，比如，由于出发点不同，注重短期收益或注重建立企业信誉可能会导致截然不同的解决方案。这需要方案选择时的明确性、员工培训的系统性，以及绩效目标和服务流程的落实。

加强业务和技术的创新

能独辟蹊径，将创新转变成现实是建立声誉的有效途径。中国企业应该把握住机会，并确定业务的优先次序，从而成为某些产品的创新者，满足客户需求和财务目标。目前可以把握的机会是根据客户的具体需求和行业制约因素以及自身实力，发展客户关系并提供产品服务。

做负责任的企业公民

每个国家的社会、政治以及经济环境各不相同，对负责任的企业公民的要求也不尽相同。了解背景环境以及实施多样化的举措将发挥日益重要的作用。只要实施得当，这将比公共关系和慈善活动更加有效。

企业希望在哪些方面得到尊重时，可以参考其他企业的经验，以及它们如何根据商业和社会环境的改变进行方向调整。中国企业过去的发展大多重视"硬实力"建设，看重"硬"的指标，在"软实力"建设方面基本空白。许多中国企业还相当年轻，还处于发展的第一阶段，看重基本能力建设是必需的。不过仅凭基本能力不足应付下一阶段的挑战，中国企业必须更成熟一些。

（本文写于 2009 年 4 月）

转型"客户中心制"企业

"客户至上"这个口号大家都不会陌生，但又有几个企业能真正做到呢？

荷兰银行（ABN AMRO Group）是一家拥有近6万名员工、在全球48个国家和地区为950多万顾客服务的金融集团。这家公司的员工与顾客之间不仅可以无障碍沟通，还能零距离接触，这使得荷兰银行的品牌不断提升和固化。公司总部的访客接待制度甚至规定：只要是公司同意来访的客人，都可以在办公楼的任何地方随意转悠，毫无禁忌。

显然，真正以客户为中心的企业除了喊口号之外，还会脚踏实地地围绕着客户调整企业的整个运营模式，并在这一过程中兼顾两头，既考虑客户的满意度，又增加企业的自身盈利。以客户为中心的企业不仅仅理解客户的价值，也理解客户对于企业生死存亡的重要意义。调查显示，那些成功实现有价值用户定制化并有效传递给客户的企业，利润增长率是同行的两倍，比竞争对手利润率高出5%~10%。为了达到这一目标，企业必须说到做到，在企业内部进行大幅度变革，成为客户中心制企业。其中的关键在于如何平衡客户满意度和公司利润之间的关系，为此必须具备六个制胜要点。

关注客户生活周期

现在很多企业在处理客户的关系时，大多将客户的购买行为视为零散的、没有关联的一系列交易事项，这样就有些狭隘。它们的做法忽略了客户选择产品或者服务的动机，因而更加不会注意其长远的需求。真正的客户中心制企业视野要开阔得多，营销已超越了简单独立的事件性营销，而是关注客户生活周期导致的需求变化。比如消费者结婚、买房、生孩子或者其他一些生活变化，都会导致其需求的不断变化。

一些精明的企业善于运用专门的信息技术来跟踪消费者生活周期变化，比如亚马逊网站。它们一直注重分析客户的购买行为和浏览偏好，然后向客户作专门的推荐，这就是成功的生活周期营销。

用解决方案吸引客户

遵循这一理念，很多公司从现货供应改为为客户订制产品或服务。这一目标是要按照客户的特殊需求为客户制订一套专门的产品方案，并附以详细的咨询和建议，为客户提供最方便、最实惠的解决方案。

向客户打包你的建议

以客户为中心的企业在卖出产品或服务之前，便开始了与客户的沟通，并一直把沟通持续到客户购买和购买之后。当然，这些要在考虑成本控制的前提之下进行。一些行业，包括金融服务业，已开始与客户建立这种度身定做的顾问关系，但仅限于大客户。那些领先的银行，正在通过发展创新的"打包建议"和相应的技术，增强市场渗透力。富国银行（Wells Fargo）的中小企业银行服务模式是以客户为中心的组织机制的典范。该行提供从担保贷款到无担保贷款的一系列标准化菜单服务，并注明了条款和产品用途，从而确保所提供的核心产品能够精确满足客户的信用需求。同时，中小企业服务与个人银行服务紧密相连，为客户提供一套全方位的解决方案，例如信用卡、银行透支、保险及抵押贷款。这不仅提高了客户满意度，还通过准确的整套服务提高交叉销售率和客户忠诚度，而此举正是基于对时下客户需求的敏锐洞察。

一对一的用户服务

与客户接触最多、对客户了解最深入的，往往是企业的一线员工，但通常情况下，企业的客户管理、产品定价、营销和创新都是由高层决定，从上而下贯彻执行。丽兹·卡尔顿酒店采取了完全相反的顺序，它们给一线员工作决定的权限和义务，让它们有很大的自主空间来满足和预测客户需求。员工可以当场处理客户的投诉并有权在公司规章制度下对消费者的不便和损失进行适当赔偿。当然，并不是每个与客户的互动都必须是实际发生的，这样会抬高成本。成功的公司努力为消费者提供综合的、多渠道的体验，它们将零售网点作为售后服务枢纽。一些自助服务渠道，比如电话、网络，能有效地应对日常服务需求，但是经验丰富的销售人员和客户代表更能处理好较为复杂的客户交易。在私人服务和后勤服务上找到平衡点，是成功建立客户中心机制战略的要诀。

为客户度身定制业务流程

很多企业在从产品中心制向客户中心制转变的过程中失败了，最主要的因素是成本控制失败。很多情况下，企业都试图在旧的产品中心制的流程之上开辟一次性的工作区来为用户提供个性化产品和服务，这就导致成本的上升。一个能避开这一陷阱的方法，就是"定制化业务流"（Tailored Business Stream，简称TBS）。这一技术将复杂的程序和无法预测的要素转变成为客户化流程，在系统内将成本控制到最小，可以确保提供给客户有成本效益的体验。比如，一家美国顶尖银行的服务中心因此缩短了一半的执行时间并增加了50%的客户满意度；与此类似，TBS还为一家航行器制造商缩减了几十亿美元的费用结构。

企业内部及企业间通力协作

最后，客户中心制企业需要一种新的合作文化。旧的产品导向型销售文化主张各行其道，而在客户中心制企业完全不是。在企业内部，企业要培养必需的合作精神，在内部范围内建立跨部门的联系；主要的财务和运营标准需要改变；各个层级、各个部门的员工都需要对消费者需求有深入的理解，这样才能为消费者提供最好的服务和消费体验。还有一些客户中心制的企业甚至会定期地敞开胸怀与竞争对手合作，共同满足消费者的需求。例如通用运输集团的航行器引擎部门，不仅制造和销售自己的喷气发动机来修理和维护其他引擎，还像修理自己的产品一样修理竞争对手的产品。

六个步骤绝不是嘴上功夫，而是为企业构建全面改革的基石。企业应告别过去一味的陈词滥调，说到做到，建立一套真正以客户为中心的企业。当然，建立这种架构是一个漫长的过程，企业需要采取全局性方式。

（本文写于 2011 年 2 月）

第七章

企业反思

中国企业家需要反思

改革开放以来的 30 年，尤其是最近 15 年，是中国经济高速发展的一段时期，很多中国企业取得了众人瞩目的成就。许多企业纷纷开始为自身设定雄伟的发展蓝图和战略目标，目标直指国内乃至国际市场的领先地位。但另一方面，我们也应该反思：这些成绩的取得，有多少是随着经济大环境的发展水涨船高？又有多少是因为政府政策的保护、扶持？有多少企业是靠粗放、低成本、代工的方式来经营？而有多少企业已经发展到真正的核心竞争力？有多少企业家真正是具备企业家精神的领导者，还是只是被媒体吹捧出来的（甚至连自己都相信了）？

面向未来，企业家们现在需要对一些关键问题进行深入思考：下一步中国企业的发展，过去的路还可以再走吗？我们的发展是否已到了尽头？我们新的发展模式如何？中国未来需要什么样的企业？我们真正的核心竞争力是什么？在过去 30 年，许多行业所处的环境已经发生了巨大的变化，从计划经济到市场经济，从相对封闭、固定的市场到开放的、多元化的全球市场，从模仿为主到自主创新，从企业间的竞争到价值链与价值链的竞争，老的一套经营管理方法已经不再适应现在和未来的需要了。

金融风暴也给我们所有企业家带来一些反思：美国、西欧的发展模式的失败给我们带来什么教训？企业与政府之间的关系应如何重新定义？全球的格局将有什么根本的改变？这些改变对中国有什么启示？全球化与保护主义相互博弈，最后的结果会是怎样？我们习惯了"常态"竞争，我们有能力于"极端波动"的状况下竞争吗？企业应如何一方面"过冬"，另一方面重塑"基本点"，为长期持续发展铺垫？

在未来10年、20年、30年，中国企业必须在根本上进行改变，同时，大家经常提到的"做大做强"这个想法必须摒弃，因为做大不一定做强。许多大型机构、企业在这次金融风暴中转眼就消失了。企业要想做强，一定要找到新的经济增长点，在价值链上争取更有利的地位，成为价值链的龙头，创造自己的品牌；更重要的是无形资产的积累。规模有多大、员工有多少，这些都不重要，重要的是我们的软实力有多强，硬实力和软实力之间的关系如何，我们有没有培养起真正的企业家精神，等等。

中国企业在过去30年追求的都是规模、产量、低成本、财务实力、功能性品牌和技术优越性这些硬实力指标，而在发展领导能力、创新型的管理风格以及塑造技术生态系统等软实力建设上做得不够。另外，很多企业的优势是来自定位优势，是因为政策的扶持，但这种优势不可持续，政策一变化，优势就不存在了。

最后，要成为受人尊重的公司，需要具有一些共同的特质并对关键问题深入思考，譬如：企业应该赢得谁的尊重？希望在哪方面得到尊重？凭借什么赢得尊重？我们需要做什么与众不同的事情以赢得这种尊重？如何把"获得尊重"融入业务之中？如何促进各方对企业的尊重？如何使"获得尊重"可持续？

（本文写于2009年1月）

中国企业对核心竞争力的误读

核心竞争力可能是现时中国商界中最令人费解又最容易被误用的概念之一。许多人都在谈论核心竞争力，但问题在于：到底有多少人真正懂得什么才是核心竞争力？

我在中国做咨询工作的过程中，客户们经常告诉我，他们认为自己的公司拥有很多很强的核心竞争力。有人说他们和政府的关系是一种核心竞争力；还有人说他们的融资能力是核心竞争力；更有甚者，把他们的老板也当成核心竞争力。

核心竞争力这一术语是在普拉哈拉德（C. K. Prahalad）和加里·哈梅尔（Gary Hamel）的经典文章《公司的核心竞争力》（*The Core Competence of the Corporation*）中首创的，至今已广为流传。作者在文章中详细阐述了核心竞争力的内涵，以及它是如何促使企业发展并保持竞争优势的。

这篇文章写于 20 世纪 80 年代末 90 年代初，当时美国企业在日本企业的巨大威胁下竞争力正日益下降，很多人都非常关心为何日本企业能胜过美国企业，同时，许多美国企业都将它们的组织改组成 SBU（战略事业部），以便它们能够更好地集中资源投入特定的业务，并根据业务来明确职责。

虽然 SBU 的组织架构为美国企业带来了不少好处，但它在本质上却有其缺陷，尤其是 SBU 组织结构可能造成事业部经理们只是狭隘地关注自己的事业部，并以本部门为中心作决策，超越事业部局限的"全局眼光"在经理层上已经大部分消失，或不能有效地建立起来，因此企业就不能全面发展和利用跨事业部的技能和潜力来培养克敌制胜的核心竞争力或能力。

核心竞争力的概念就是在这种背景下提出的。而且普拉哈拉德和哈梅尔在文章中是假定了读者已经知道商业战略的一些基本概念，例如什么是竞争优势的来源、什么是定位优势、竞争优势与可持续竞争优势之间存在哪些差异，等等。

然而，由于许多中国读者一开始还没有理解这些概念，所以即使对那些已经读过这篇文章的人来说，它们很可能也不能完全理解核心竞争力的真正含义。在对核心竞争力的背景缺乏了解的情况下，就容易误解其概念，或者干脆将其简单化。

实际上，这篇文章应该和另一篇经典文章一起来读，这一经典文章就是 1992 年刊登于《哈佛商业评论》（Harvard Business Review）3/4 月号上的《能力竞争：公司战略新法则》（*Competing on Capabilities：the New Rules of Corporate Strategy*）。这篇文章出自波士顿咨询公司的乔治·斯塔克（George Stalk）、菲利浦·埃文斯（Philip Evans）和劳伦斯·舒尔曼（Lawrence E. Shulman）之笔。

在那篇文章中，作者谈到了能力的概念。这个概念虽然与核心竞争力很接近，但又略有不同，然而，我认为其中的差别不大。基于我们在这里的讨论，这两个概念可以互相交替使用。

正如我在 1997 年的文章《将你的中国业务置于大局内考虑》（*Putting Your China Business into Context*，发表于博斯公司的 Insights 刊物 1997 年 12 月号）中强调的，企业能通过定位优势或能力优势（即核心竞争力优势）或两者同时来确立竞争优势。

定位优势是指来源于外部资源（通常是政府，包括政策保护、政府资源支持）的优势，比如，关系就是一种定位优势，定位优势能帮助企业发展竞争优势，但前提是确立定位优势的条件存在才行。定位优势起作用的典型条件往往是一个受管制的运营环境，这种环境限制了竞争，并将竞争程度人为地降低，具有定位优势的企业，它们的业绩即使不太理想，也能成长或生存。然而，一旦这些支持条件不复存在，定位优势也将随之而去。比如说，当管制放松时，原来的定位优势就会消失。

而另一方面，核心竞争力或能力则是一整套通过公司内部的工作流程、体制、文化和领导能力有机结合形成的组织综合学习能力，这种学习能力有助于企业发展可持续的竞争优势。根据普拉哈拉德和哈梅尔的看法，核心竞争力具有以下特征：首先，核心竞争力为企业提供了进入多个不同市场的可能；第二，核心竞争力能大大增加最终产品给顾客带来的价值；第三，核心竞争力应该是很难被竞争者所模仿的。我想加上第四点，就是核心竞争力具有时间上和空间上的延伸性。斯塔克等人将能力定义为"在战略角度上可以充分理解的一整套业务流程"，以能力竞争为主的企业往往会确定关键业务流程并对其进行集中管理、大力投资，以求获得长期回报。根据斯塔克等人的观点，竞争能否成功，关键在于企业是否能够将关键流程转变为不断给顾客带来非凡价值的战略能力。企业可以通过对联结各个 SBU 和职能部门的支撑体系进行战略性投资而形成这些能力。此外，鉴于能力必然是跨职能的，企业的首席执行官也就成了以能力为基础的战略的当然倡导者。

在对核心竞争力有了清晰的认识后，我们可以看出中国企业对这个概念的理解存在五大误读。

误读一：混淆了定位优势与核心竞争力（或由能力产生的优势）

许多人都会把定位优势与核心竞争力搞混。如前所述，定位优势来自企业外部，尤其是政府，而核心竞争力是企业内部自身发展起来的能力。在一个受管制的环境里，定位优势会非常明显，许多企业都是依靠这些优势成长起来的。因为仅凭定位优势经常就足以使这些企业有良好表现，所以这些企业就没有迫切的需要去经历真正的竞争，也就不会主要从企业内部着手抓紧确立和发展真正的核心竞争力。然而，随着游戏规则的转变，比如说撤销管制，这种定位优势就逐渐消失了。如果企业不加强核心竞争力，那么它们就不能发展相应的竞争优势，以保证在市场中的成功。

误读二：混淆了竞争优势与核心竞争力

一个企业的成功是由竞争优势所驱动的。竞争优势可能来自定位优势，也可能来自核心竞争力，或者同时来自两者。在核心竞争力与竞争优势之间存在着一种因果关系——核心竞争力是因，竞争优势是果。企业一旦发展出了核心竞争力，就容易获得竞争优势。有些企业则误把果当成了因，比如认为品牌是公司的核心竞争力。其实，声誉良好的品牌是公司的一系列技能按照公司特有的方式综合运用和协调的结果。品牌只是表象，核心竞争力才是内因。

误读三：混淆了竞争优势与可持续竞争优势

不是所有的竞争优势都是可持续的，例如定位优势，有利的外部条件一旦不复存在，由此产生的竞争优势也将消退，所谓"皮之不存，毛将焉附"。可持续竞争优势是能够长久保持的，并能帮助企业获得持续的成功。由于企业的核心竞争力是长期蕴涵于组织内部，这种统筹协调和集体学习的模式始终存在，由此产生的竞争优势往往是可持续的。

误读四：混淆了"水涨船高"与真正的核心竞争力

在过去十年中，许多中国企业能够取得巨大成就在很大程度上是因为中国经济的快速增长，这就是所谓的"水涨船高"。但要将一个企业在经济大潮高涨的环境中的表现等同于它的真正能力的话，是不正确的。一旦经济发展速度放慢，市场进入逆境，我们就能分辨出哪些企业是真正有能力的，哪些不是。

误读五：混淆了领导者和核心竞争力

许多人都将企业的成功归因于领导者——他或她的"先见之明"、判断力、关系等。当然，领导在企业的成功中起到了重要作用，但是不管领导的能力如何大，他或她仅仅只是组成企业DNA的一分子，哪怕是很重要的一分子。核心竞争力是一个集体的、组织的学习能力，要使它发挥作用不仅仅需要企业的领导能力，还需要企业的文化、工作流程和体制。

事实上，核心竞争力和能力都深深地扎根于组织内部，是企业 DNA 决定的。由于核心竞争力贯穿于整个组织并经得起时间考验，它能为企业带来长久的竞争优势。

一个企业的 DNA 或者优秀企业的 DNA 从何而来？通过对许多大企业长期的全面研究，詹姆斯·柯林斯（James C. Collins）在他与杰里·波拉斯（Jerry I. Porras）合著的畅销书《基业长青》（*Built to Last*），以及他的《从优秀到卓越》（*Good to Great*）中总结道：真正伟大的企业都具有一系列相似之处。第一，它们都有强大的领导者——这被柯林斯称为"第五级领导"。这些领导都是谦逊的人，但他们有很强的能力来安排企业的资源，以组建一个出色的企业。第二，它们能够招募、留住和激励适当的人选，并让那些不合适的人离开。基本的信念就是如果是合适的人，只要给他们正确的领导和价值观，他们就知道去做什么。第三，这些企业拥有一套清晰的核心价值观。领导者将这些价值观与整个组织进行不断的沟通，将其贯彻落实并融入每位员工的日常行为。第四，这些杰出企业的员工们都拥有高昂的工作热情，他们共同追求的目标超越了一般简单的金钱回报。

如果这些元素得到适当的贯彻，它们就能组成优秀企业的 DNA，当这些元素能协调地产生有效的化学作用时，一个企业就有可能超越传统的组织结构方式所带来的限制，找到增强能力或核心竞争力的道路。换句话说，一个企业的 DNA 造就了其核心竞争力，而核心竞争力进一步确立了可持续竞争优势，这些都可以体现在企业的产品或服务、成本和价格，当然还有市场占有率、利润率和股东价值的增加上。

沃尔玛具备了柯林斯所描述的伟大企业应拥有的一切要素。因此，它能发展一套基于技术支持的核心竞争力或能力。但作为一个非常杰出的第五级领导，山姆·沃尔顿（Sam Walton）不是沃尔玛的核心竞争力。领导能力是组成企业 DNA 的一个元素，这个元素有助于发展核心竞争力。"每日低价"是核心竞争力起作用的结果，因此，低价本身不是一种核心竞争力，它只是核心竞争力的结果。这一结果是持久的，因为核心竞争力根植于企业，并且成为了组织的一部分，所以，虽然许多竞争对手原则上都知道沃尔玛是怎样发展它的核心竞争力的，却没有谁能真正模仿得来，这样的现象同样出现在计算机制造商戴尔和它的竞争对手身上。戴尔的对手原则上也知道戴尔是怎样发展核心竞争力的，但它们却不能简单地将戴尔那套核心竞争力复制出来。为什么？这是由于核心竞争力源于企业的 DNA，如果一个企业不具备这种DNA，就没法复制核心竞争力。

由于中国已经逐步按行业降低了限制性的壁垒，随着中国逐步融入世界，中国企业需要真正理解核心竞争力的确切含义，并寻求建立核心竞争力的方法，以求发展可持续竞争优势。

许多中国企业在过去十年中已经取得了长足进步，然而，中国企业必须扪心自问——究竟有多少进步是靠政府的政策保护或其他人为因素支持所取得的？有多少是通过真正的企业核心竞争力或能力取得的？我想对于许多中国企业，包括那些经常被中国媒体誉为所谓"中国杰出企业"的公司来说，答案很可能是两者兼有，但更有可能是前一种原固。柯林斯在《从优秀到卓越》一书中对 1965～1995 年 30 年间的 1435 家《财富》500 强公司进行调研时，发现其中只有几家公司能够符台他精心设计的"从优秀到卓越"的标准。而中国市场经济的发展只有十多年时间，从建立真正意义上的长青企业的角度来说，十年是非常短的，很难就此真正判别一家公司是否"杰出"。而且在过去的这十多年，中国总体经济快速发展，整体外部环境良好，得到政府政策扶持和保护的国有企业做得好并不难。可是一旦整体外部环境变得不利，以往的保护丧失，这时才真正考验企业及其领导者解决问题的能力。而最终的赢家将是那些拥有并且能很好地运用其强劲核心竞争力的企业。

许多中国企业都想在其他商业领域里实现多元化经营。对于企业是否应该实行多元化，许多人一直在激烈争论。一些人指出，企业应集中精力，只做它的核心业务，不应该参与其他业务；然而，也有人认为在快速发展的经济中有很多新的机会，如果你在合适的时间、合适的地点进入某些业务领域，定能赚得钵满盆盈。我认为这种水平维度的争论忽略了一个深层次的问题，这就是：一个企业是否拥有足够和适当的核心竞争力让它能够在其他领域内进行多元化发展？事实上，正如斯塔克等人指出的，一个拥有出色战略能力（核心竞争力）的企业是可以在地域、产品和业务都有很大差异的领域里有效地竞争的，并且要比典型的松散性集团企业做得更好。一个善于吸收和强化能力的企业能迅速地从某个行业的局外人转变成主要竞争者，甚至成为行业领导者，普拉哈拉德和哈梅尔也得出了同样的结论。中国企业若能从自己的核心竞争力出发，其多元化经营就会目标更明确，从而少一点盲目性。

（本文写于 2004 年 3 月）

谢祖墀谈中国企业的管理顾问心得

内地比香港更多采用顾问

20 世纪 80 年代初，面对那将到来的回归，香港出现信心危机，我便留在美国工作，于 1988 年正式投身管理咨询行业，兴趣日增。当时，公司有意在亚洲拓展业务，我就在 1990 年回港，成为了香港管理咨询行业的一员。1993 年，我参与了在上海成立中国首家获官方批准的国际管理咨询公司驻华办事处，迄今为止我已在内地从事管理咨询近二十年。我庆幸亲身见证了内地经济起飞的年代。

记得 1992 年，邓小平南巡深圳，要求继续坚决推行经济改革。自此，中央政府大力推行改革开放，大量跨国公司进入中国。我们是第一家登陆中国的外资管理咨询公司，获不少客户垂青。

过去二十年，我一直掌管大中华区的业务，不过其中台湾和香港的业务已缩减不少。一直以来，我们的服务对象都是大型企业和一些国营机构。20 世纪 90 年代的客户绝大部分是跨国公司，我们拟定战略，协助它们打入中国市场。近十年则有愈来愈多的中国企业向我们求助，尤其过去五年，寻求协助的中国企业大幅增加。不论国有企业还是民营企业，都乐于向管理咨询公司求助，矢志提升管理技能，冀与跨国公司看齐。目前我们的客户中，中国企业和外国企业约各占一半，但前者稍多。与此同时，虽然我们一直在香港也设有办事处，但却较少香港公司接触我们，背后原因的确值得反思。

关于中国模式

我觉得，要了解今天的中国，必先认识它的过去。要想在中国站住脚，必定要非常了解中国的历史文化。不只是近十年的发展，还要对中华悠悠数千年的历史有基本认识。现代中国的变迁，很受过去的历史影响，尤其是 1840 年第一次鸦片战争往后170 年的历史。中国有许多外资的管理咨询公司，但真正同时了解现代管理学和中国文化的咨询顾问却不多，一部分只是滥竽充数。近年中国流行一句话："洋咨询，水土不服。"就是说，外国的管理咨询公司来中国市场想分一杯羹，但它们中的一部分对中国的认识只是凤毛麟角，结果只能给予片面的意见，反而帮倒忙。

我经常跟客户讨论中国的发展模式。很多外国人不明白何以中国能在短短数十年间高速发展，也不欣赏中国政府的计划经济。但若不了解这种发展模式，便很难在中国成为成功的管理咨询公司。中国企业管理的发展有两个驱动因素。一个是 deregula-tion（放宽限制），另一个是 global integration（与全球融合）。回想当初我在内地发展，大致上所有行业皆受政府高度管制。过去二十年，中央政府逐步将一些行业的限制放宽，有些行业如消费品、零售、汽车零部件等已几乎不受限制。任何企业，不论中资、外资、港资或台资，都可自由到内地经营以上行业。虽然其他一部分行业尚未完全自由，但至少不是彻底受管制。当然，仍有部分行业如电讯、炼油、媒体等依然受多重管制。但内地正逐渐放宽对更多行业的限制，提高开放程度。

市场一开放，世界各地的企业便会从四方八面涌至，力求在这个庞大市场占一席之地。除了外资公司和跨国公司，近二十年，尤其近五至十年，还有不少颇具实力的新兴中国企业涌现，与跨国公司一争长短。很多人抱怨在中国做生意很难，最大的原因正来自异常激烈的竞争。市场上高手如云，当中更不乏世界级的企业。倘若企业没有足够的能力和资本，以及对中国经营环境的深入洞察，便难以在中国立足。

不过，有竞争才有进步。放宽限制带来的激烈竞争，促使许多企业不断自我提升，建立能力。展望将来，中国内地将出现愈来愈多实力雄厚的企业，与世界级企业一较高下。反观香港企业不少还在原地踏步，世界级企业更是少之又少。只有少数几家大型银行、航空公司和零售商可称得上达世界级水平。比方说，维他奶（Vitasoy）在香港是很成功的品牌，有名之余产品质量也不错，但在内地乳品类饮品市场的市场占有率却不高。内地大城市的超级市场有售维他奶，但不论名气和销量，它都无法和蒙牛、伊利、光明、娃哈哈等品牌相比，这确实值得反思。

第二个令企业不断进步的原因，就是与全球融合。20世纪90年代初，我的咨询工作还比较简单，例如替外资企业选址建厂，设厂生产后再把制成品运回本地的市场销售。但近二十年外资企业不再只把内地的业务视为价值链的其中一小部分。即是说，它们以前只专注于某项活动，但近年则积极向横向发展。它们以前只在中国生产或采购，然后向下游发展营销、品牌建立、销售渠道等。约十年前它们更向上游发展，在中国开始从事研发。它们到中国建立研发中心，对中国今后的技术发展非常有利。以前，外资企业一直奉行全球分工（world division of labour）——把研发基地设于总部所在的先进国家，生产线则设于中国。但为了紧贴中国消费者，深入了解它们的需求，以迅速设计、投产，愈来愈多外资企业把研发基地甚至整条价值链转移到中国，从研发、生产到销售全都在中国一条龙进行。这就是所谓的价值链转移（value chain migration）。

跨国企业和内地企业的较劲

另外，我想特别强调几点。

首先，中国已成为某些工业的发展重地。全球的工业发展重点已由西方转向东方。例如自2009年起，中国已成为全球最大的汽车销售市场及生产基地，其发展速度比全球任何一个汽车市场都快。

第二，一个硬币有两面，中国对许多大型外资公司如波音（Boeing）和空中客车（Airbus）来说，既是庞大市场，亦是新兴的竞争对手。中国正紧锣密鼓筹划生产自家的大型飞机 C919，约十年后就可试飞。她亦已成功开发第一代区域性飞机（regional Airplane）ARJ21，不少航空公司已订购。

第三，愈来愈多中国企业不甘只在国内发展，它们矢志走出国门，跻身跨国企业之列。很多内地企业已委托我们拟订海外发展计划，有的是希望寻找资源，但更多是想通过收购、合并，从西方企业吸收管理技巧或打入外国市场。但只有为数极少的香港企业向我们求助，以求进军国际。

无疑近十年中国的经济突飞猛进，但我常说她还有许多地方需要改善，不要看到北京、上海就以为中国已经脱胎换骨。我在2010 年 3 月推出了一本畅销书，名为《中国战略》（*The China Strategy*），读者对象是跨国公司的管理层，内容大致可分为四点：

首先是开放中的中国（Open China）。开放的中国为跨国企业提供了很多新机会。

第二是具创业精神的中国（Entrepreneurial China）。邓小平于1978 年改革经济，自此允许私人企业经营。虽然现在仍有不少国有企业，但很多成功的企业都是民营企业。前阵子《福布斯》（Forbes）公布了中国富豪榜，排名最高的全是大陆企业家，其中娃哈哈集团始创人宗庆后以 534 亿元居首。不少大陆人很有生意头脑，具有创业家的特质。

第三是政府角色举足轻重的中国（Official China），即是政府在中国发展中扮演的角色。众所周知，政府的影响力举足轻重，国家政策对国有企业的影响尤其大。Offical China 和 Entrepreneurial China 这一上一下的组合是相当适合过去 20 年和现在的中国的。可是这个模式亦有其不足之处，将来必定要有所调整。

最后是单一世界（One World）。中国已成为许多跨国企业的发展核心，它们不能再只视中国为遥远的、边缘的市场，而是应该将中国市场定位为其全球发展战略的核心。我们最近正替很多跨国企业按照这种核心思想重新调整发展战略。很多跨国企业都正进行这类转型。

我们亦有来自香港的客户，但中国内地市场的规模和发展速度远比香港市场庞大、迅速。我们服务过的香港公司屈指可数，包括几家大型银行、公共事业机构和非营利机构，其他企业非常少。香港盛行地产主义，但地产主义阻碍了香港的发展，对香港前途不利。

从肯德基看中国连锁店的成功因素

肯德基（KFC）是目前内地最成功的外资公司。大家或许觉得它只是平凡的连锁快餐店，但其实做零售是很不容易的。上世纪 60 年代末肯德基进入香港。但当时的炸鸡文化尚未成熟，加上食物售价高，开了 4 家以后就被迫撤出市场。90 年代，人们开始接受炸鸡，肯德基便卷土重来，由太古集团（Swire Group）再度引入。但临近香港回归时，租金不断攀升，它的营业额追不上租金，再次全线撤出。到第三次才在香港市场站稳阵脚。

肯德基和麦当劳差不多同一时间打入中国内地市场，不过肯德基的发展比麦当劳更快更成功。除了麦当劳，汉堡王（Burger King）也是它另一个最大的竞争对手。但汉堡王在内地的规模依然很小，而肯德基则有超过 3000 家分店。肯德基在大中华地区能够成功，主因是它慧眼识英雄，请来现任百胜集团（肯德基所属的餐饮集团）中国事业部总裁苏敬轼相助。他是中国台湾人，后来赴美国，加入宝洁公司。他曾在宝洁美国和中国台湾分公司工作，1989 年成为肯德基北太平洋地区市场企划总监，打理肯德基在中国的业务。他到中国的时间和我差不多，一直致力于拓展中国市场。肯德基在中国的业务发展得最快，占的比例亦最大。目前其中国业务占全球业务的 35%，这是相当大的比例。

苏敬轼成功的原因有二。第一，他非常熟悉中国消费者的需要，看内地肯德基的餐单已可见一斑。从盐酥半翅、榨菜肉丝汤、寒稻香蘑饭、川雪辣十鸡、仲夏凉藕……肯德基愈来愈中国化，而且不断推出新口味。苏敬轼正是深谙此中之道。他还创立了肯德基的兄弟品牌——东方既白，专营中式快餐。快餐这行业不易经营。肯德基于 1987 年初次涉足中国，有中国人便在 1991年创立荣华鸡挑战肯德基，喊出"肯德基去哪里，我们也去哪里"的口号，他们跟随肯德基卖炸鸡，但在品质控制和效率等方面不及肯德基，无力长久经营，便于 2000 年全线结业了。相比之下，苏敬轼不但成功发展了西式快餐店肯德基，还能延伸至中式快餐店。

肯德基另一个成功的原因是它有效管理的供应链。记得我在中国做咨询的初期，有饮食集团叫我替它们找寻合适的地方供应原材料——土豆，于是我就跟他们到山东、内蒙古、黑龙江等地视察。要成功经营连锁店，供应链是重中之重。肯德基登陆初期，便花了许多工夫建立良好的供应链。事前必须了解地方文化，配合该地的管理模式，才能逐步建立起理想的供应链。中国市场之大，大大增加了经营和管理的难度。早期不少跨国企业来港招募管理人才，但由打理小市场转为管理大市场，许多香港人都"水土不服"。他们在香港可能只管油尖旺区，但内地的企业可能劈头便一句："那你就管理华东吧！"光是华东已难以管理，更不用说全国了。分店多，你更需要确保供应，一定要建立好供应链。

中国人多，创意只会多

很多中国内地企业在管理上已大有进步，有潜质成为国际级企业。不过，虽然它们在硬件方面改进不少，但是"软件"如创意方面似乎有所不足。有人怀疑，它们真的有能力打造出世界品牌吗？

我想说的是，五至十年前可能还有所怀疑，但今天情况已经完全不同了。中国内地有不少创业家，早期的确创意欠奉，可是有很多创业家正在努力。中国的一大优势就是人多。一万个人可能有九千个失败，九百个不过不失，一百个成功。但就算只有百分之一的人成功，合起来就数目惊人了。多年来，我跟不少中国内地企业合作过，其中一大部分发展神速，反之，一般香港企业上进心不够，令我感慨万分。尽管近期遇上了不少经营上的问题，总的来说，李宁便是其中一个发展不错的内地品牌。除了李宁，内地还有 5 到 10 家经营有道的体育服装公司，如安踏、匹克、特步等，它们现在也许仍属本土公司，但会变得愈来愈国际化。一部分本土公司可以在十年内与耐克（Nike）和阿迪达斯（Adidas）于国内市场一拼。有些企业甚至进行合并增强实力。

三年前，中电国际通过入股成芒股，拓展新能源项目。两家公司合组成中电国际新能原（上海）。前者集中发展大容量燃煤发电项目，后者则以发展再生能源为主。至于创意是需要时间酝酿的，但中国人口庞大，推动力强，进步快速，假以时日，它们必能做出成绩。这个强大的对手香港人得当心。

香港人如何避免边缘化

我曾说过大部分香港人不太熟悉中国内地国情，在内地工作不容易。那香港人到内地工作前应有什么考虑？又该如何重新定位，以融入中国内地市场？

如果香港人每天只看香港事，很容易变成井底之蛙。信息就近在眼前，就看我们肯不肯接收。过去多年，我除了看香港和国际传媒的报道，还坚持每天看内地的报章、杂志和网站了解中国的动态。香港报章的内地资讯不一定够深入，而且经过过滤，很多是从香港的角度看内地的问题。看内地报章能更深入认识各行业及其法规的发展和企业的动作，对于在内地工作颇有帮助。

到内地工作不一定是打工，创业也是另一出路。内地最不缺乏的就是资金和创业机会，内地的创投基金都求贤若渴。不论大公司还是小公司，只要有能力、有好构思，资金自会源源不断。机会无限，就看你有没有决心和能力。不看内地媒体和网站，不会了解中国内地近代的发展。这方面香港有一项优势——我们较容易接触到中国近代史的真正面貌，许多真实客观的历史资料能在香港找到。

　　香港的管理人员，相对内地管理者，十几年前还算有优势，今天已没什么特别。他们大部分对中国内地了解不深，经验又不及一些跨国公司的高层丰富。这不是个人的问题，而是香港的问题——香港没有合适的环境培育这类人才。但只要你有信心、有决心，一定会有机会。过去二十年至未来二十年是中国发展很好的时机，需要许多优秀人才。大家要好好把握，思考这个年代所带来的机会。

（本文写于 2011 年 5 月）

附录一：中国企业应该学习什么

过去二十多年间，中国经济能以世界瞩目的速度发展，这既得益于体制转型释放的活力，也得益于日趋完善的市场和成熟的政府调控的作用。当我们的体制渐趋完善的时候，经济的发展将更多地依赖基础经济单元的竞争力。不断地提升企业的管理能力、创新能力对中国社会财富的创造是非常重要的。

系统的管理学在西方发展了很多年，并且还在不断发展。把西方的管理经验和方法与中国的实际情况相结合很重要。很多中国的企业家和创业者们都对这些知识如饥似渴。

新浪读书：请问谢博士第一次回大陆是哪一年，那时候对于中国的公司感觉如何？之前有没有接触过内地的企业或者企业家？印象如何？

谢祖墀：其实早在上世纪 60 年代开始，我就曾随着父母回大陆探亲。当然，当时我的年纪比较小，不太懂事。到 80 年代时，大陆的商业还远远没有得到发展，按照现代企业制度组织起来的公司更是极少。1988 年，我在美国旧金山加入麦肯锡咨询公司，正式进入管理咨询这一行。1990 年，我回到麦肯锡香港分公司工作，开始参与大中华区业务。三年后，我来大陆开展管理咨询工作。当时，改革开放如火如荼，我随波士顿管理顾问公司来到上海，参与筹建中国办事处。波士顿管理顾问公司是第一家经中国政府批准进入中国的国外管理咨询公司，我也有幸成为中国企业近二十年来发展的见证者。

在中国市场经济刚刚起步的 20 世纪 90 年代，还很少有人关注系统性的企业管理，很多有关管理的概念都不存在。我还依稀记得，若干年前在广州为企业举办管理咨询讲座时，台下有不少企业家向演讲者提出质疑。他们认为企业的使命、远景和价值观完全没用，纷纷要求管理咨询人士给他们一些赚钱的点子！看到企业家们将咨询顾问当成"点子顾问"，我非常感慨。但同时，我也感觉到自己有责任为管理咨询在中国的普及尽自己的力量。我相信在如雨后春笋般诞生的中国企业中，必然会有注重管理和战略的公司存在。当整个市场的环境日趋成熟后，一定会有追求卓越的公司慢慢浮出水面。

新浪读书：请问谢博士回大陆后，用了多长时间来了解中国大陆环境和商业氛围，大概什么时候，才对中国企业的管理问题和战略问题有比较清晰的了解和把握？

谢祖墀：在中国从事管理咨询业是一项巨大的挑战，因为始终会有新的问题出现。我曾在中国大陆为数百家企业提供过咨询意见，与众多国有企业、民营企业、合资企业和跨国公司的客户合作，得到大量有关中国市场的第一手资料。每当我回顾这些经历，我都会感慨于中国市场的复杂多变。

中国的市场有着很大的发展潜力，其未来的走向存在许多不确定因素，因此只有采取灵活多变的方式才能够驾驭瞬息万变的机会。在这个过程中，很难说哪个人已经对中国企业的战略和管理问题有了彻底的认识，而我们非常愿意与所有关心中国企业发展、关心管理咨询业在中国发展的朋友们共同学习和探讨。

新浪读书：咨询公司在中国大陆一直有活动，但是对于公众来说了解不多。看到的、听到的，似乎又是一些咨询不成功的案例。请问谢博士，管理咨询在当下对于中国公司有哪些用处？能否举出一些成功的案例？

谢祖墀：自从我在中国大陆参与建立第一家由政府批准的管理咨询公司以来，管理咨询在中国的发展已近 20 个年头。作为管理咨询业的一员，我亲身经历了这个行业在中国的发展和兴衰，最大的感悟就是："管理咨询是专业（Profession），而不是生意（Business）。"

正如博斯公司（Booz & Company）的创立者爱德文·博斯（Edwin Booz）和麦肯锡前合伙人马文·鲍尔（Marvin Bower）所倡导的那样，管理咨询顾问与客户合作共事的基石是"信赖"。而职业道德、高水准的服务和中立地位正是赢得客户信赖的三大支柱，这三大支柱共同构成了管理咨询顾问们专业精神的核心。

对于中国企业来说，管理咨询业最重要的作用有两点：

其一，优秀的管理咨询公司能为中国企业带来价值——对于诸如战略制定、组织优化、运营改善、兼并收购、业务振兴等问题，我们有一套系统性的方法，并有实际的运营方案提供支撑。这些方法在全球许多其他市场（包括新兴市场）得到了验证，企业采用之后，能够使决策和执行更加有效。

其二，优秀的管理咨询公司能开拓客户的视野，加速其学习、领悟和自我提升的过程。我欣喜地看到，中国企业的管理者们非常热衷于学习国内外同行的宝贵经验。与企业相比，管理咨询顾问的专业背景更为多样化，常常起到知识传递者（knowledge transfer）的作用。在顾问们各种新观念的冲击下，企业管理者往往能突破固有的思维模式，实现管理能力和业务创新领域的飞跃。

咨询公司在中国最重要的工作之一，就是帮助中国的国有企业实施全面的转型。在这方面，博斯公司和我本人都有许多成功的经验，而广州地铁的转型则是其中较为突出的一个案例。

新浪读书：请谢博士列出三个您认为中国企业目前最需要改善的管理问题，同时提供一些详细的改善建议。

谢祖墀：较之20年前，如今的中国企业在各方面都取得了长足的进步；在某些领域，中国企业的表现甚至领先于国外同行，这不能不说是改革开放和经济发展的巨大成就。然而，为了使企业基业长青，中国企业还必须认真解决以下几个问题：

首先，管理制度的现代化是本土企业面临的重大挑战。明确的职责分工、合理的组织架构和完善的公司治理已经成为现代企业的重要标志。一家企业如果没有完善的管理制度，即使有再好的商业模式、再热销的产品也无法获得持久的成功。只有在组织内部建立起科学、完善的管理体系，才能充分发挥人才的积极性。

其次，加强产品、服务和流程创新，是企业实现可持续发展的基础。中国不少成功的本土企业是凭借资源垄断、政府法规政策保护或低成本劳动力而盈利的，一旦这些优势消失，上述企业的增长动力就会荡然无存。不少成功的国外企业（如苹果、丰田、微软等）将创新视作企业的生命，企业只有将创新融入战略中，才能焕发出持久的生命力。

第三，"软实力"是中国企业走向国际必须修炼的"内功"。一些中国企业海外并购遭遇的挫折已经向我们清晰地表明，财务实力、公司规模等"硬指标"并不能帮助企业在陌生的环境中迅速得到认同。对于不少志在海外的中国企业而言，要想使海外扩张之路走得更加顺利，就必须塑造良好的品牌形象，积极履行企业社会责任，在技术和创新领域保持领先并积极营造和传播企业的管理魅力。而上述这些，正是企业软实力的体现。

新浪读书：请谢博士列出三个您认为跨国公司目前在中国最需要重视和改善的问题，同时提供一些详细的改善建议。

谢祖墀：经历了 20 年的成长和发展之后，跨国公司在中国的战略目标更加清晰，业务结构也日趋成熟。在取得不俗成绩的同时，许多在中国"特有的"问题也不断暴露出来。对于渴望在中国实现蓬勃发展的跨国公司而言，既要具备国际化的视野（全球眼光），也要采用灵活多变的方法应对中国的独特格局。正如我在许多场合所谈到的，只有具备"金茂大厦"的现代化特色并融入"胡同"的传统要素，跨国公司才有可能避免发展瓶颈，取得成功。

首先，跨国公司必须理解中国市场的独特格局及其内部巨大的差异性。举例来说：一家快速消费品生产商可能会轻易地在大城市获得成功，因为该地的分销系统较为成熟且消费水平较高。然而当它进入二、三和四线城市"未被开发的庞大市场"时，当地不完善的分销体系和较低的消费水平就会使商业模式遭遇挫折。企业只有开发出更适宜中小型城市甚至农村地区的产品，通过更为传统的渠道销售并且优化销售网络，才有可能在这些地区取得成功。

其次，跨国公司应把在中国的业务整合到全球商业体系和价值链当中。在中国，不少跨国公司都面临这样的窘境，即公司虽然在中国许多地方有业务，但彼此之间各自为政，联系甚少，更谈不上形成产业链或产业集群。跨国公司的 CEO 们要想真正发挥出中国在全球价值链中的优势和潜力，就必须具备"全局观"，通过业务的优化和重组，将在中国的业务与全球产业链进行对接。

第三，人才争夺战也是跨国公司必须认真面对的问题。最近几年，一系列人力资源事件正使跨国公司"光环"逐步褪去；相反，本土企业在文化上的一致性和广阔的发展前景正吸引着越来越多的优秀本土人才。对于跨国公司而言，如何真正实现企业文化的多样性并消除"玻璃天花板"，是吸引人才的关键。只有真正采用开放的心态接纳本土人才，企业才能在中国实现长远的发展。

（本文是 2007 年 12 月"新浪读书"对作者的访谈）

附录二：企业软实力的打造之术

2008 年的达沃斯年会（World Economic Forum Annual Meeting）比往年的中国元素更多，会上被关注最多的议题是中国和印度的崛起。我们该如何正确看待这个现象，尤其是那些已经具备出席资格的中国企业？

参加达沃斯代表着什么

腾讯财经：腾讯网的网友大家好！欢迎大家光临腾讯财经会客厅。今天光临我们腾讯财经会客厅的嘉宾是博斯公司大中华区董事长谢祖墀博士，欢迎您。

谢祖墀：各位好，各位早。

腾讯财经：这次达沃斯年会比往年的年会，中国元素更多，受邀出席会议的中国企业家和政府官员也比以往多很多。关注最多的议题，听说依然是中国与印度的崛起。在您来看，我们该如何看待这个现象，特别是对那些已经具备出席资格的中国企业而言？

谢祖墀：这个话题是非常合适的，达沃斯讨论的很多议题与中国和印度有关。应该说，这也代表中国和印度这两个国家在国际上越来越受到关注，也代表这两个国家在全球的影响力。对于中国的发展来讲，是一个比较正面的反映，对于中国企业来讲，也是代表我们在国际化、全球化过程里面，中国企业扮演的角色应该说是越来越重要。

我想下一个主要的问题是：在这样的进程中，中国企业能做什么，能扮演的角色是什么？我们在发展的过程里面，中国企业家应该怎样去不断地努力，怎样把中国企业的影响力在全球范围内发挥得越来越大？

腾讯财经：对于那些已经受邀参加会议的中国企业，特别是有这个资格的企业而言，这是不是能够代表它们现在的企业发展水平，已经可以和国际上很多同行相比拟了？

谢祖墀：应该说受邀请到达沃斯出席这种国际性的论坛，一方面来讲，对这些受邀请的企业是一种正面的肯定。但是被邀请到去参加一个会议，其实也不代表什么。对于具体的企业来讲，比较重要的是在这样的一个全球化发展过程里面，在整个趋势里面，究竟每个企业能够做什么，把它们在国际上的影响力更加扩大，以及把它们个别企业的实力更加增强。

中国企业发展的下一个关键词

腾讯财经：您曾提出一个主要观点，认为我们中国企业下一

个发展的关键词是"软实力"。这个软实力跟我们平时提的比较
多的"核心竞争力"之间是一个什么样的关系？我们该如何正确
理解这个概念？

谢祖墀："软实力"这个概念不完全是我个人首先提出来的，
这个概念我想很多网友、读者都知道，在国家外交方面已经存在
了一段时间。在我们中国的发展里面，尤其是近五年，我们中国
在政治方面、外交方面，软实力的发展已经有了很大程度的一种
提升。我研究企业发展的时候发现，国家软实力的概念完全可以
延伸到企业的层面。这是什么意思呢？就是说，很多企业在发展
的过程中，可能会在硬的方面发展得比较快，硬的方面包括企业
的规模、资金和成本优势，等等。尤其是在很多被保护的行业和
领域里面，很多企业都会因为受保护，而在硬方面可能会发展得
比较快，也比较顺利。

但在企业的发展过程里，我们完全以硬实力去发展的话，其
实是不够的。企业必须要建立所谓软的一面。软的意思是什么？
就是要用一些文化、情感或者是比较软性的因素去影响那些跟企
业有相关利益的所谓利益相关者。这种软实力，就我个人的观
察，在中国企业发展的过程中比较容易被忽略。甚至于整个概念
对于很多中国企业来讲，第一不成熟，第二对于一些企业家来讲
可能还没有这种概念、意识。我个人看到了这一点，在全球化的
发展过程中，在中国崛起的阶段里，越来越多的中国企业都会走
向全球化，都会在国际的舞台上扮演一个越来越重要的角色。在
这个发展过程中，中国不仅要从硬实力方面发展，同时也要发展
相关的软实力。一方面需要硬，另外一方面也需要软，我认为这
是中国企业发展的一条比较好的路径。

究竟软实力和核心竞争力的相互关系是什么？核心竞争力基本上是企业里面的一种或者是一套综合性的学习能力，就是企业的员工透过企业的体制、相关方法，能够建立一套综合性的学习能力，这种综合性的学习能力，可以帮助企业发展不同的竞争能力。这种竞争能力可以在很多方面表现出来。软实力其实也是一个综合性能力。一个企业要成功的话，一定要建立一套很强的核心竞争能力、很强的综合性学习能力。有这样一个基础以后，企业就可以有选择性地去发展适合自身发展的竞争能力，这种能力也就是发展软实力。

该如何开始发展自己的软实力

腾讯财经：对于每个企业而言，所面临的机会是不一样的，企业自身的资源也是有差异的，而且是有限的。企业该如何在现有的资源条件下把握自己打造软实力的着力点？就是说，如果开始抓软实力了，要从哪里着手才能在长远利益和短期利益之间形成一个平衡？

谢祖墀：第一，就像一些在全球处于领导者地位的企业，其实也不一定在我们定的四个维度里面的每个维度当中都做得很卓越，面面俱全，其实这是很难的。第二，刚才您讲到，所有企业都有资源上的一种限制，所以不可能什么事情都做得很强；在我们的框架里面，只是提出来，从一个完整的角度来讲，我们可以把软实力分为这四个维度。对于每个企业来讲，它们需要针对自己企业本身的环境、行业的环境、竞争对手的态势，来做一些决定，决定究竟从哪个维度发展，这个维度需要看每个企业的具体情况。

在中国范围内，可能有些企业已经非常庞大，在中国市场里可能已经是第一名、第二名的行业领导者，但这些企业在海外的发展可能比较薄弱，是一个初步发展的阶段。在我们的研究里面，有一个提法是"成为当地社区的企业公民"，这种维度对于这些企业而言是比较适当的，是需要采取的第一步。

就是说，每一个企业都需要针对它们特定的环境作出一些适合它们行业发展、企业发展的决定、选择。

腾讯财经：能不能举一个具体的企业例子，比如它当时选择着力点的时候，第一个考虑的因素是什么？

谢祖墀：国际上的发展我们可以举相当多的例子，大家比较熟悉的一个例子可能就是英国的维珍航空公司（Virgin Atlantic Airways），现在它的软实力已经非常强了。它的软实力是在什么维度上面做的呢？第一个就是它的软性品牌，它的品牌就代表了一种价值，背后也有一种很强的代表性，就是领导者个人的一种魅力、领导力。公司领导人考虑怎样发展他的企业、怎样建立企业软实力的时候，他思考得非常详细。也就是说，他的主要维度就是这种软性领导力的建立、发挥，而不是什么科技，或者是成为某某地方的企业公民，这些东西对他来讲还不是最重要的，重要的是建立品牌和有魅力领导力。这个例子，说明企业不一定要四个维度全下手，而是选择建立一到两个维度。

中国管理咨询的差距所在

腾讯财经：您从事的职业，以及所在的行业——管理咨询，在中国可以说是改革开放的一个产物。听说您也是直接参与了由中国许可的第一个外资公司在华业务建立的过程，在您服务中国企业以及一些在华跨国企业的时候，您觉得中国企业和国际同行相比是一个怎样的发展水平？

谢祖墀：我是20世纪90年代初期的时候回中国内地的。我是香港人，在香港读完中学以后，到美国去读大学和研究院，拿到了博士学位。先回了香港，然后再从香港到内地来。我刚回国的时候就好像你刚才说的，基本上没有人知道我们是管理咨询，什么叫"咨询"，大家都不太明白。我们回国的时候也是花了很多精力去解释，究竟什么叫"管理咨询"，为什么企业要找咨询公司来帮忙。

从那个时候到现在，只是十几年的时间。从时间段来讲好像已经非常长了，但从一个专业领域的发展来看，在历史上是一个很短的时间。尤其是在中国这样一个历史悠久的国家，有这么深厚文化的国家里面，十几年也是非常短的时间。

在这个发展过程里面，我发现管理咨询这个行业，从没有人知道是什么，只是一个概念，到很多咨询公司，无论是国际咨询公司还是本土咨询公司，看到这个市场的潜力以后，很多人都要跳进这个圈子里面。在20世纪90年代中后期的时候，有了一个比较高速的蓬勃发展。虽然量的发展比较快，但质的发展并不是同时的。在这十几年里面，我也看到了不少改变，应该说现在很多企业起码听出了什么叫管理咨询，至于它们是否明白什么叫管理咨询，这是另外一回事。甚至很多同业者，很多在行业里面做管理咨询的公司或者参与这个行业的个人，他们是否真的明白什么叫管理咨询，对我来讲还是很大的疑问。

腾讯财经：在您看来应该如何理解"管理咨询"这个概念呢？

谢祖墀：管理咨询在国外是个传统定义，但在中国有比较少的人讲这个问题。我的观点是："管理咨询是专业不是生意。"需要一个价值观，这个价值观牵引着我们每个人每天的行为。在这个大的框架里面，我们会面临一些选择。举例来说，我们的出发点一定是为客户着想，我们为客户服务，把客户的利益放在前面，个人的利益放在后面。听起来好像很简单，但在落实的时候，很多人都不能过这一关。

腾讯财经：在您看来，这个价值观落实到我们实际工作当中，对于本土的管理咨询而言这方面做得怎么样？现在外资和本土两大管理咨询阵营是一个什么样的发展态势？

谢祖墀：很多国际公司进入中国发展的时候，很多本土的人都有一种评论，说"洋咨询水土不服"，的确是这个样子，应该说有相当部分的咨询公司和咨询人员都有这样的问题。但反过来来讲，"洋咨询"，尤其是顶级的咨询公司，当然顶级公司在全球来来回回也就是三到四家，不会超过这个数量。本土咨询公司和国外咨询公司最大的区别，应该说绝大部分本土咨询公司还没有把这样的价值观贯彻到它们的思想里面。

腾讯财经： 您能举一个具体的表现形式吗？

谢祖墀： 我很难具体说某一家咨询公司究竟有什么样的理解，但我可以说，真的要把这种成套的价值观，很实实在在地贯彻在公司里面其实并不是很简单的事情。很多这种国际性的咨询公司，做到它们目前的规模，都要经过几十年的努力、几十年的经验累积，才能做到它们目前的情况。也就是说对于好的本土咨询公司来讲，很多还是一个初级的发展过程，所以这还需要一段时间才能真正地把这种价值观培育起来，贯彻到公司里面。

腾讯财经： 跟国际上发展相对比较成熟的同行相比，我们在发展这个价值观的时候，在您看来有多大的差距？

谢祖墀： 我个人认为价值观主要取决于人，咨询公司是不是很坚决地聘请行业里面最优秀的人才。应该说有最好的人，然后给予这些好的人才一个比较适当的环境，其实很多事情不需要硬性的要求，比如什么时候我要做到什么程度。假如在招聘人才方面我们没有做到最好的话，其实以后的工作，就会比较困难。

腾讯财经： 所以选人是关键的第一步。

谢祖墀： 其实咨询公司最大的资产就是人，我们一定要把最好的人才吸引到咨询公司里面，然后给予它们一个适当的环境，尤其是在学习的环境里面，让它们能够尽快地发展，尽快地学习。

管理咨询在中国的前景

腾讯财经：您曾经在 2007 年 11 月 26 日在上海咨询论坛上说过，咨询业在内地的需求和发展是会不断上升的，就是说未来几年，您对这个行业的发展是很看好的？

谢祖墀：我十几年前刚回国的时候，基本上没有人知道什么是管理咨询。

腾讯财经：能举一些例子吗？当时发生过什么笑话？

谢祖墀：笑话很多，一方面是笑话，另外一方面也是一种悲剧吧。广州有一个相当大的管理咨询会议，会议邀请了很多广东省、广州市方面的人士过来，我讲了很多，他们不是很满意。我说你们需要听什么，他们说你告诉我一些点子，怎么赚钱，不要告诉我什么理论、框架，你就告诉我明天怎么去赚钱，给我一些点子。企业家或者是参与者，他们对管理咨询的内容还不是很清楚。管理咨询并不能给你一些赚快钱的点子，管理咨询扮演的最大角色，是怎样把相关的管理能力、理念灌输到企业里面，让企业本身能够在内部建立一套自身的学习能力，有了这种学习能力以后，很多答案其实企业本身是可以挖掘出来的。

腾讯财经：是一个"道"和"术"的关系，长期功夫和短期效益的东西。

谢祖墀：对。

腾讯财经：您觉得现在这个水平改观到了什么程度？

谢祖墀：应该说，我们企业的发展、企业家的发展，经过十几年的过程，有了很高的提升。而且越来越多的企业家能够明白咨询公司带来的价值和咨询公司服务的方式，但还是有一部分企业有这样的想法，希望能够有一些尽快赚钱的点子，这个也反映了我们国家经济发展过程中的一些问题。

腾讯财经：经济发展水平在初期阶段，市场机会比较多，对企业的管理水平要求不是很高，企业可以抓住很多市场机遇，必要性还没有那么突出的时候，它可能就很难体会到管理的重要性。

谢祖墀：我个人觉得，管理咨询行业在中国的发展还是比较乐观的。我刚才虽然讲到这个故事，但从我回国做管理咨询的第一天开始，我感觉在中国发展，中国企业的发展带给管理咨询的需求应该说是非常非常乐观的。这不是今天在讲，我十几年前就已经有这样的一种概念。当时跟很多企业家沟通，无论是跨国公司还是本土企业，甚至于中国政府官员，跟他们讨论的时候已经感受到了很大的推动力。就是很多很多人希望我们能够尽快地发展，无论是国家的发展，还是企业的发展。在这个过程里面，我发现很多企业的竞争态势是非常激烈的，其实对于很多企业来讲，中国已经很快发展成为最全球化以及竞争最激烈的地方，无论是跨国企业还是本土企业，它们需要尽快地把自己的竞争能力建立起来。一直以来我对于管理咨询行业在中国的发展都抱着非常乐观的态度，这种态度到今天为止还是同样的。

腾讯财经：您能不能预测一下，这个发展态势还能保持 30 年吗？

谢祖墀：当然。如果有其他重大事情发生，不能预测的重大发生事情，这个就很难讲了。一开始的时候我们就已经讨论到，在达沃斯年会，我们发现中国、印度甚至其他一些新兴市场，"金砖四国"的发展和在全球的崛起，其实已经在不断地改变全球经济格局。同时全球的各个国家之间的联系也越来越紧密。在这样的情况下面，中国的角色越来越重要。同时企业扮演的角色也越来越重要。一个企业从一个本土市场发展到一个全球市场里面，其实这个发展阶段，一般来讲都是非常艰苦的，而且也是非常复杂的。在这个过程里面，我现在手头上的客户都面临这些问题，就是说我们下一步应该怎样去做，我们下一步的发展战略是什么？这个发展战略是多维度的，比如我们应该采取什么样的产品、服务、商业模式，我们应该发展到什么国家去，等等，一系列的问题都需要很多有能力的人去帮助这些企业发展。

因为这些基本的因素，我个人觉得管理咨询这个行业在中国的未来发展还是有很大的发展空间。

文化中隐藏的发展瓶颈

腾讯财经：您还提出一个观点，认为我们中国的传统文化跟现代企业文化相对来说差异比较大。对于中国的企业家而言，有必要在这两个文化之间做一个平衡。您在这方面对中国的企业家有没有一些可行的建议或者是提示？

谢祖墀：我们的传统文化，尤其是儒家文化，都是以一套社会伦理关系作为基本的基础。所以在中国的社会里面，人与人的关系是非常清楚的，谁是爸爸，谁是儿子，谁是兄弟，谁是朋友，谁是老师，谁是学生，谁是上司，谁是下级，这种关系在我们传统文化里面是根深蒂固的，这种文化有它正面的一部分，就是维持社会的稳定，维持人与人之间很清楚的关系。但它也有问题，举例来说，下级很多时候是等上司做决定，他只要执行、去跟进就好了。应该说在这种大文化的氛围里面，我们很多企业的发展也是受到了一些这样文化的影响。在中国的一些企业里面，尤其是从无到有，比如民营企业，本来没有，或者是很小的企业，由几个人很快速地建立起来，这种传统的文化氛围，很多时候在我们经济发展比较快速的大格局里面其实是有利的，因为很多决策可以比较快，执行可能比较强，等等。

我们也可以看得到，在过去十几、二十几年里面我们很多企业快速成长，从很小的企业发展成相当有规模的企业，其实背后有一套文化因素，有一到两个或者是少数很有魄力的领导者，他带领整个团队，杀出一条血路，把这个企业建立起来。这种发展方式，应该说发展到某一种规模，到达某种关键点的时候可能会遇到一种瓶颈。这个瓶颈是什么呢？举例来说，如果一个人要全球化发展，这一个人肯定是做不出来的，你需要一个团队，需要一套文化的价值观，需要一套内部管理机制。我们也看到国际上的企业，尤其是欧美企业，它们取得成功的时候基本上不可能靠一个人，它们需要一套体制、一套制度，还有就是我刚才讲到的一套很清晰的价值观。要建立这套系统，很多时候我们需要把个人的、比较传统的色彩进行削弱，建立制度化的系统。所以对于很多企业来讲，它们可能会面临这种选择，对于很多企业来讲可能是一种挑战。

腾讯财经：相对来讲，从走在前面的那些国内企业身上，您觉得哪些做法可以借鉴？

谢祖墀：当然这个故事还在发生，不能做最后的结论。我个人觉得，联想跟 IBM 并购以后，它所采取的一系列行动、表现，包括跟原来的 IBM 领导班子融合在一起，建立一个相互能够兼容的管理团队，虽然中间也会面临一些挑战，但相对来说中国企业走出去的第一步效果还是比较好的。所以我觉得在联想的发展过程里面，它采取了很多步骤、举措，应该说都是中国企业可以借鉴、学习的。

（本文是 2008 年 2 月 "腾讯财经" 对作者的访谈）

附录三：以全球视野赢得未来

"中国市场将成为全球企业激烈的角逐场。"博斯公司全球高级合伙人、大中华区董事长谢祖墀接受《经理人》采访时说，"竞争是好事，竞争能促进企业成长。但在激烈的市场竞争环境里，将形成赢者和输者格局。在中国市场打拼的淘汰战中，如果跨国公司能真正本土化，那将会变得更强；如果中国企业能在中国市场磨炼好，那也可能变成全球领先的竞争对手，甚至超越其他跨国公司。"

有着20多年管理咨询和公司高层管理经验的谢祖墀，在20世纪90年代初就回国，并在上海参与成立了第一家获得中国政府批准的外资管理咨询企业。他现在所在的博斯公司1914年由艾德文·博斯（Edwin Booz）创办于美国，是全球第一家管理咨询公司，目前是全球最大的管理咨询公司之一。博斯公司提出的产品生命周期、供应链管理、组织DNA、能力驱动战略、企业韧力等开创性理论已被外界广泛运用。

经过长期观察和研究，谢祖墀现在又提出"全球视野"理念。因为他认为："未来10年，中国很多企业会被迫改变发展战略，包括中国战略和全球战略，因为中国市场的规模、重要性、复杂性将逼着企业调整其全球战略。这就需要全球视野！"

跨国公司全球视野中三道难题

为什么在中国也要实施全球视野战略？谢祖墀认为，中国已成为跨国公司的一个核心市场，因为中国市场不仅成长快、潜力大，而且对跨国公司的重要性日益彰显，其研发基地也逐步转移到中国来；同时，跨国公司在中国市场不仅要与其全球传统竞争对手过招，而且不少中国本土公司已成为其新的竞争对手。这样，许多跨国公司开始认识到，其中国战略需要用全球视野做整体性调整，并反思业务方式，将其在华业务融入其制造、营销、销售、创新、新业务模式培养和人才完善体系中去。

事实上，"跨国公司过去在中国的许多做法在未来也将不再适用"。它们进入中国市场时，做法比较简单，直接把在全球其他市场销售的产品、营销方式、商业模式等搬到中国，但进入后发现，中国市场比它们想象的要复杂。由此又导致它们出现另外状况：在运营中国业务时难以有效利用其本具有优势的知识库，也难以将其全球运营的最佳实践引入中国。谢祖墀认为，问题根源体现在以下几个方面：

首先，大部分跨国公司对中国国情还不是很了解。中国国情与其他国家大不一样，由此导致商业行为等也存在差异，但它们不太明白，也不愿意去明白。因此，它们有必要对中国国情进行深入了解。

其次，是不是真正本地化了。本地化不是只聘请几个中国人那么简单，而是公司的组织架构、企业文化、做事方式等都要适应本地。它们带过来的产品、商业模式、做事方式等，不能说完全不适应中国市场，但肯定不一定适合中国各地市场。它们往往只适应中国高端市场的风格，却难以满足和适应中低端市场需求，因此只能占领中国市场中的一小部分。

最后，企业的整体记忆力保持得不好。跨国公司在中国发展需要懂中国国情的经理人，而不是完全依靠制度和流程。跨国公司内部有调动制度，骨干人员定期或不定期地在全球不同区域市场轮职，而且高管流动率很高，由此导致那些宝贵经验难以转为体制而保留在公司文化里。

中国企业全球视野要落地

跨国公司在中国遭遇的上述难题，也正是中国企业走出去时迫切需要做的事情。谢祖墀认为，未来5至10年，将不断涌现能在全球运营业务的新一代中国企业，但它们必须变革业务模式，要从依赖低成本生产和抄袭式研发向有效的长期管理方向转变；同时，大多数中国企业在全球化所需的管理方法和知识方面还有欠缺。这些都是中国企业需要突破的发展瓶颈。

"部分中国企业依然可以依靠低成本发展，但绝大部分企业需要转型，要往上游发展，以促使自己在行业价值链上处于更有利的地位。至于往上游发展的方式，既可依靠自身滚动发展，也可通过并购方式推进。"谢祖墀认为，华为公司在全球的发展就相当成功：华为大力做自主研发，研发出适应当地的产品，因此产品具有相当的竞争力；华为走出去时，先从新兴市场开始，并熟悉当地市场、文化、法律环境，这样在新兴市场打好基础后就打入比较发达和发达市场，现在在很多发达市场也站稳了脚跟。

但在海外并购方面，中国企业做得还不是特别好，如TCL公司在欧洲的并购就不成功。因此，中国企业要先练好内功。谢祖墀认为，首先，不能盲目，要找到自己的竞争优势，明白自己凭什么才能赢；其次，要具备相应的管理能力，无论是通过自身发展还是通过并购，在全面了解当地环境的情况下，必须具有驾驭当地状况的能力。在这个过程中，企业可以借助咨询公司的力量来弥补自己的不足。因为一些跨国咨询公司不仅能给企业带来新知和全球视野，帮助企业设计组织和战略架构，而且能帮助企业了解当地环境和竞争状况，了解全球竞争对手的优劣势，并从中学习和借鉴，以迅速提升自己的综合能力，使战略执行尽快落地。

中国企业在与跨国公司角逐时如何才能取得竞争优势呢？在中国本土市场竞争，中国企业具有主场优势，熟悉中国市场和大环境，在物流和销售方面都不比跨国公司差。很多跨国公司在高端市场做得不错，但在中低端市场做得还远远不够，这也是中国企业的机会。"但在海外市场发展时，就变成了客场，所以你一定要对当地市场和环境有深入了解，并且大家不要一窝蜂地去做某个事情，否则就没有差异性了。这是中国企业需要下工夫的地方。"为真正实现全球视野战略，谢祖墀建议中国企业：先在本土市场站稳脚跟和磨炼好，不要一开始就在全球与跨国公司去竞争；同时不断提升全面管理能力和研发实力，在此基础上再向国外市场逐步渗透和发展。

（本文根据2010年6月《经理人》杂志对谢祖墀的采访整理）